우애의
경제학

가가와 도요히코의 《Brotherhood Economics》 한국어판 출판을 매우 기쁘게 생각합니다. 출판에 대한 저작권에 대해서는, 가가와 도요히코의 저작권을 소유하고 있는 그의 손자 가가와 도쿠메이 씨가 별도의 저작권료 없이 쾌히 승낙해주었습니다. 가가와 선생의 책을 되도록 싼값에, 한 사람이라도 많은 한국 사람들이 읽는 것이 훨씬 고마운 일이기 때문입니다.

가가와 도요히코 기념마츠자와자료관
학예원 스기우라 히데노리(杉浦秀典)
156-0057 東京都世田谷區上北沢 3-8-19
Tel. 03-3302-2855/Fax03-3304-3599 E-mail zaidan@unchusha.com

우애의
Brotherhood Economics
경제학

가가와 도요히코 지음 | 홍순명 옮김

그물코

진정한 경제혁명은

생명에 대하여 자각한 의식이 사회화할 때에만 이루어진다.

바꾸어 말하면,

기독교적인 형제애의 발전이 이상적 경제사회 발전에 기본이라고

나는 굳게 믿는다.

가가와 도요히코
賀川豊彦, 1888~1960

머리말

'나를 보고 '주여 주여'하는 사람이 모두 하늘나라에 들어가는 것이 아니다. 우리 하늘 아버지 뜻을 행하는 사람만이 들어간다.' 20세기의 오늘날 나는 새롭게 예수의 말씀을 생각하게 된다. 오늘만큼 그리스도의 가르침이 도전을 받는 시대는 일찍이 없었다. 만일 교회가 사회에서 사랑을 실천하려고 한다면 그가 존재할 이유가 있을 것이다. 나는 신조만으로 세계를 구할 수 있다고 생각하지 않는다. 신조가 중요하지 않다는 것이 아니라, 신조나 교리와 함께 사회에서 속죄애를 적용하는 것이 필요하다.

오늘날 자본주의는 고기를 잡으러 나간 어부와 같다. 어부는 낚싯대나 먹이를 준비해가지만, 고기는 그들 자신의 생각을 가지고 있는 것이다! 어부와 고기의 내적인 목적 사이에는 일치가 아니라 대립이 있다. 새로운 시대에 우리는 수요와 공급이라는, 원래 서로 같이 움직여야 할 두 가지 부자연스러운 모순을 해결하지 않으면 안 된다. 생산자와 소비자 사이에 벌어진 틈에 형제애의 다리를 놓아야 한다. 그렇지 않으면 사회는 결코 구원되지 못할 것이다. 불황, 공황, 실업이 언제까지나 계속될 것이다.

상대성이나 양자역학 이론은 19세기 물질 개념을 완전히 포기하고 고정적인 결정론을 가능성의 세계로 바꾸어놓았다! 이리하여 20세기에는 물질주의적 자본주의와 물질주의적 공산주의를 다함께 포기해야 한다. 나는 이 책에서 심리적 내지 의식적 경제를 통하여 새 사회질서에 이르는 새로운 길을 찾으려고 시도하였다.

이 책은 1936년 4월 콜게이트 로체스터신학교의 라우쉔부쉬 기금의 초대로 '기독교적 형제애와 경제 재건'이라는 표제 아래 네 번에 걸쳐 행한 강연을 수록한 것이다.

책의 초고는 미국으로 가는 태평양 위에서 썼다. 만일 스즈끼 소스케(鈴木莊介) 씨가 거친 바다 위에서 도와주시지 않았다면 책의 집필을 마칠 수 없었을지 모른다. 처음 일본말로 쓴 원고를 일본으로 보내어 세씨 M. 트라우트 양과 오가와 기요즈미(小川淸登) 목사가 영어 번역을 맡아 주셨다. 다시 콜게이트 로체스터신학교, 엔드버 뉴턴신학교 및 시카고신학교의 몇 학생이 영문 표현을 바로잡아주었다. 그 뒤 여러 해에 걸쳐 내 조수로 일해 주었던 헬렌 F. 타핀 양, 국제선교회의 비서였던 에스터 스토롱 라우쉔부쉬, 강연위원회 위원장인 어얼 B. 비크로스 조수들의 호의로 얼마간 확대되고 모습도 다듬어졌다. 이 책의 출판을 위하여 조력해주신 이들 친구들에게 진심으로 고마움을 전한다.

가가와 도요히코

옮긴이의 글

유명한 영국 챔버스의 인명사전(2007년판)에는 가가와 도요히코에 대하여 다음과 같이 써있습니다.

> 가가와 도요히코(1888~1960) 일본의 사회개혁자, 전도자
> 기독교의 개종자로서 그는 동경의 장로교대학과 미국의 프린스턴 신학교에서 교육을 받았다. 일본에 돌아와, 고베의 빈민가에서 전도와 사회사업을 하였다. 일본 노동운동의 지도자가 되어 노동자 연맹(1918)과 노동자 농민당(1921), 농민조합을 조직하였다. 1928년에 전쟁반대연맹을 창립하였다. 제2차 세계대전 뒤에는 민주주의와 여성참정권 향상을 위해 진력하였다. 자전적 소설인 《새벽이 오기 전에》(1920)를 포함해 많은 저서를 남겼다.

그는 명문가에 태어났으나, 그리스도의 가르침에 따라 빈민가에서 15년 동안 가난한 이들과 함께 지내면서, 그들의 심연 같은 어려움의 현실적 해결이 무엇인지 깊이 생각하였습니다. 노동운동이나 협동조합운동, 농민조합에 실천적으로 활동하였고, 특히 세계적으로 알려진 일본 생협의 토대를 놓아, 일본만 아니라 세계의 3대 협동조합 사상가로 꼽히고 있습니다. 그가 살았던 때 일본 지식인 사이에서 공산주의와 협동조합 사상이 선택지가 되었다는

것으로 그의 영향력을 가늠할 수 있습니다. 전후 노동자의 정당인 사민당의 창당 준비위원장이었다는 것은 잘 알려진 사실입니다. 평화주의자로서 그의 모습은 전쟁 중 개인 자격으로 일본의 중국 침략을 사죄하고 전쟁반대운동으로 탄압과 고초를 겪었으며, 해방 후 자유당 정권 때 이승만 대통령에게 민간인으로 사죄를 자청한 데 나타나 있습니다. 그는 또 문필가로서 위에 적힌 《새벽이 오기 전에》와 《한 알의 밀알》은 2백판을 찍었고, 《사선을 넘어서》는 수백만부를 판매하는 등 150권의 저서를 남겼습니다.

그런 협동조합이나 농민 정당, 평화주의나 저술의 밑바탕이 되는 것은 그의 기독교 사상이었습니다. 기독교 윤리의 중심 사상—예수의 속죄애에 의한 형제애—을 개인의 종교 영역에서 현실사회에 적용한 경제 제도가 협동조합이었습니다. 그런 점에서 그는 '예언적 존재'였습니다. 그는 공산당이 형제애를 무시하여 실패할 수밖에 없었듯이, 물질만 추구하고 정신성을 표류시키는, 경쟁과 약탈의 자본주의의 운명도 같이 보았습니다. 이 책은 협동조합의 '기본적 원칙이나 기능, 역사적 성취, 미래의 거대한 가능성'을 역사상 처음 책의 형태로 낸 것이라고 합니다.

우리나라도 2005년 1월 27일 법률 7348호로 소비자생활협동조합법이 통과되었습니다. 한국 협동조합운동은 이미 30년대부터 민족의 수난시기에 선각자들이 국권의 회복과 사회 개조의 신념으로 전개해왔습니다. 협동조합 이론가들은 조합을 '있어야 할 조합'과 '무늬만 있는 조합'으로 구분합니다. 운영과 효율만 있고 높은 윤리성이 없는 조합은 물질적 자본주의나 물질적 공산주의와 같은 궤도를 갈 것입니다. 조합이 정말 '있어야 할 조합'이 되기 위하여, 그리고 지구적인 공산주의와 자본주의가 대치하는 분단현실 속에서 우리나라가 물리적 통일만이 아니라, 진정 인권과 형제애에 바탕 둔 경제정의사회가 수립되기를 염원할 때, 한 번 읽고 생각할 책이라고 생각합니다.

이 책은 원제가 《Brotherhood Economics》(Toyohiko Kagawa, Harper & Brothers, New York, 1936)인데, 뉴욕 콜게이트 로체스터 신학교에서 '기독교 형제애와 경제 재건'(Christian Brotherhood and Economic Reconstruction)이라는 제목으로 저자가 네 차례 한 강연집입니다. 일본에서 협동조합을 연구하는 김형미 씨가 복사한 책을 보내주고 번역을 제안하였습니다. 마츠자와(松澤)자료관의 스기우라 히데노리(杉浦秀典) 씨가 가족과 상의하여 저작권을 수락해주셔서 가가와 도요히코 100주년을 기념하는 올해, 일본과 한국에서 동시에 출간하게 되었습니다. 권말에 김재일 씨의 양해를 얻어 가가와의 일생을 첨부하게 되었습니다. 책을 만드는 데 그물코출판사의 장은성 사장과 김수진 씨가 수고했습니다. 두루 적어 감사를 드립니다.

2009년 1월
홍순명

차 례

머리말 6
옮긴이의 글 8

제1장 카오스에서 빠져나갈 길이 있는가 13
제2장 그리스도와 경제 29
제3장 유물론적 경제관의 잘못 51
제4장 변혁의 철학 71
제5장 여러 세대를 꿰뚫는 형제애 79
제6장 현대 협동조합운동 93
제7장 형제애의 행동 111
제8장 협동조합 국가 139
제9장 형제애에 바탕 둔 세계평화 165

참고문헌 180

가가와 도요히코에 대하여 - 김재일 183
사회변혁을 위한 협동조합운동 - 최혁진 199

제1장

Brotherhood Economics

카오스에서
빠져나갈 길이 있는가

1

비행기는 세계 여러 나라를 오고가며, 라디오에서는 전파를 타고 높은 음성이 들려온다. 그리고 텔레비전은 먼 곳에서 영상을 보낸다. 이것은 인간이 끊임없이 발명과 지식을 낳는 힘을 갖고 있음을 우리들에게 느끼게 해준다. 그러나 이 세계는 불안에 떨고 가난의 고통에 허덕이고 있다. 세계는 혼돈 상태에 있다. 혼란한 세계다.

오늘날 가난은 물질의 결핍 때문이 아니라 풍부에서 생기고 있다. 물질이나 기계의 과잉생산, 과잉노동이나 지식층의 존재에서 오는 고통이다. 우리들은 결핍이 아니라 과잉 때문에 고통을 겪고 있다. 부는 아주 적은 한 줌 사람들의 손에 쌓여있고, 사회의 일반 대중은 헛된 외침을 부르짖고 있다. 물자가 넘치는 창고 밖에는 한없이 많은 실업자가 굶주리고 있다.

세계에는 6억의 기독교인이 있고(현재 약 20억 명) 이른바 기독교국은 문명국이라 불리고 있다. 왜 이런 나라에서 전쟁이 끊이지 않고, 사회는 언제까지 실업이나 공황 같은 위협에 노출되어 있는 것일까?

동양인이 기독교를 접할 때 먼저 여기에 의문을 갖게 된다. 우리들에게 감명을 주는 것은 기독교의 교리가 아니다. 우리 동양인들은 이른바 기독교국의 이러한 현상에 깊은 관심을 가지고 지켜보고 있으며 기독교에 대한 우리들의 태도는 거기에 크게 의거하고 있다. 기독교 교리는 옳고 나 자신 진심으로 그것을 믿고 있다. 그러나 나는 기독교의 교리로 겨레를 이끌 수는 없다. 동양의 종교도 매우 우수한 가르침을 가지고 있기 때문이다. 기독교의 뚜렷한 특징은 그것이 사랑의 종교라는 데 있다. 교리로서 사랑의 의무는 매력적이다. 그러나 우리들이 일본인에게 이 값비싼 진주를 위하여 모든 동양적 배경을 희생하게 하는 것은, 사랑의 실천이다. 그리스도가 이 땅에서 승리를 한다면 그것은 그를 따르는 사람들의 생활에서 나타나는 사랑을 통해서다. 만일 내가 일본에서 겨레를 예수에게 인도하려면, 나는 기독교가 서양 여러 나라에서 현대 사회의 심각한 문제를 실제로 해결하고 있음을 보여주어야 한다. 그들은 기독교의 본거지로 생각하는 서양 여러 나라에서 기독교가 이룬 일을 지켜보고 있다. 그 관찰 결과로 그들이 기독교를 받아들일지 아닐 지에 영향을 줄 것이다. 그러면 서양의 상황을 볼 때, 그들은 무엇을 볼 것인가? 이것이 일본에서 일하는 기독교인으로 내가 깊은 관심을 갖고 있는 문제고, 우리나라에서 벌이는 활동(선교)의 성과는 모두 거기에 달려 있다. 동양을 그리스도로 인도하려면 먼저 서양의 경제 재건에서 무엇보다 유효한 것을 설명하고 밝힐 필요가 있다.

이리하여 나는 세계의 여러 문제가 지리적 경계가 있음에도 불구하고 이제는 세계가 하나고, 하나의 단위로 다루지 않으면 안 된다는 인식에서, 세계 전체 상황에 대한 관심과 책임감을 확대해가지 않을 수 없게 됐다. 나는 사회 경제 문제의 모든 영역에 걸쳐 기독교도의 책임과 실천을 찾아내야 한다고 생각한다. 왜냐하면 오늘날 기독교의 세계 전도의 큰 대립자는 공산주의의 확대고, 오늘 기독교에 대한 커다란 도전은 기독교가 경제 재건 문제를 해결하는 데 있기 때문이다.

따라서 나는 전도자로서 현대사의 학생이 되지 않을 수 없다. 유감스럽게도 나는 오늘날 기독 교회가 인간의 생활 전체를 만족시키는 복음을 설명하지 않고 있음을 고백하지 않을 수 없다. 마르크스의 공산주의가 일어난 까닭도 거기에 있다. 만일 교회가 근대에서 사랑의 실천이라는 사명을 다하였다면, 마르크스주의가 지금 규모까지 확대되지는 않았을 것이다. 기독 교회가 길을 빗나가 너무 우상숭배로 달려가 버리려 하였을 때, 교회를 바른 길로 이끌어오기 위한 하나님의 채찍 같이 이슬람교가 나타났다. 그와 마찬가지로 오늘날 혁명적인 공산주의가 우리들을 매로 치고, 교회의 진정한 사명으로 우리들을 다시 한 번 각성시켜주고 있다. 그리스도를 믿는 사람들은 세계적인 형제애 운동에서 사랑의 유효한 운동을 전개함으로써, 이 도전에 대응해야 한다.

2

여기서 잠시 일본으로 가는 여행을 상상해 보기로 하자. 그리고 그곳에서 시간적으로나 시각적으로 공평한 태도로 서양 상황을 살펴보기로 하자.

동양에는 지금으로부터 1,300년 전쯤 네스트리우스파 기독교가 존재하였다. 기독교는 18년 이상에 걸쳐 중국의 국교였다. 선교사들이 그곳에서 일본으로 파견되었기 때문에 13세기 무렵 일본에는 네스트리우스파 선교사들이 있었다. 일본의 옛 수도였던 교토에는 네스트리우스파 교회가 지금도 있다. 그것은 오늘날 불교 사원이 되었다. 네스트리우스파 기독교는 당시 교회가 교회끼리 분열했기 때문에 사라져버렸다. 서방 교회와 동방 교회가 있었지만 서로 돕지 않았다. 네스트리우스파 기독교는 단지 교리만 말하고 그리스도의 사랑을 가르치려고 하지 않았던 것이다.

75년 전, 처음으로 프로테스탄트 선교사가 미국에서 일본에 왔다. 그 때는 정부가 기독교를 금지하였다. 그 이유는, 4세기 전으로 거슬러 올라가 예수회 선교사가 일본에 왔을 때, 같은 나라에서 일본으로 약탈자들이 일본의 남방 해안 많은 섬에서 약탈 행위를 했기 때문이다. 그 때문에 일본 정부는 기독교가 확대 발전하는 것을 의심하고, 정치적 침략이 계속되지 않을까 두려워했던 것이다. 그리하여 당시 박해 과정에서 저항하였던 가톨릭교회 예수회 신도들은 일본 정부에 반기를 들었다. 그때부터 정부는 3세기 이상에 걸쳐 교회에 대하여 문을 굳게 닫았다. 그 결과 일본 사람들은 지금까지 기독교에 대하여 뚜렷하게 편견을 갖고 있다.

이른바 기독교 국가들은 이제까지 동양 여러 나라를 정치, 경제적으로 침략하고 있으며 우리들 동양인에게 기독교국에 대해 오래된 편견을 불러 일으킨다. 그러므로 동양에서는 순수한 기독교를 필요로 하고 있다. 그것은 일본에 다섯 가지를 가져온 기독교이다. 즉 순결, 이상적 평화, 영적 축복, 노동 존중 그리고 무엇보다 중요한 일은 영원한 하나님에 대한 인격적 경건의 진심이다.

나는 소년 시절, 기독교에 대한 잘못된 생각을 가지고 있었기 때문에 기독교를 받아들이는데 많은 고생을 했다. 아버지는 추밀원 서기관을 하고 계셨는데 뒤에 두 현령 그리고 제3의 지방의 지청장을 지냈다. 그에게는 두 아내가 있었으나 본부인에게는 아이들이 없었다. 후실은 한때 게이샤였으나 그녀는 다섯 아이의 어머니가 되었다. 내 사랑하는 어머니다. 내가 겨우 네 살 때 아버지가 돌아가시고, 본부인은 나를 양자로 삼았다. 내 조상은 봉건사회에서 19개 마을을 다스리고 있었으며 커다란 집과 많은 하인을 두었다. 그러나 아무 사랑도 없는 커다란 집에 사는 일은 내게는 지옥이었다. 내 가족은 부자였으나, 그들의 행동양식은 가혹한 것이었다. 나는 밤낮으로 울면서 세월을 보냈다.

내가 9살 때 고등소학교에 입학하고 11살이 되자 중학교에 가서 기숙사 생활을 하였다. 거기서 선배들은 사창가에 다니고 술에 취하곤 했다. 그런 가운데 내가 좋은 사람이 되리라고는 생각할 수 없었다.

어느 미국인 선교사가 영어를 가르쳐 주고 있어서, 나는 영어를 배우려고 회화반에 나가게 되었다. 그가 말하기를, '영어를 배우는 가장 빠른 방법은 외우는 것이다'라며 산상수훈 몇 절을 외우라고 하였다. 나는 누가복음 12장 27절의 말을 알게 되었다. '들의 백합화를 보라. 수고도 않고 길쌈도 하지 않는다. 그러나 영화를 다하였던 솔로몬조차 이 꽃 하나만큼 꾸며지지 않았다.' 이 말씀을 외우면서 나는 영감을 느꼈다. 그때 나는 식물을 그렇게 아름답게 하는 신비한 힘이 존재한다는 것을 발견하였던 것이다. 이 힘은 바로 창조주였다. 이리하여 나는 들의 백합화를 그렇게 아름답게 만드신 하나님께 기도하기 시작하였다. 만일 들의 한 송이 백합화 같이 될 수 있다면, 나는 좋은 사람이 될 수 있으리라고 믿게 되었던 것이다.

그때 나는 삼촌 집에서 살고 있었다. 삼촌은 기선과 철도회사 사장이고, 상공회의소 우두머리였다. 그는 경건한 불교도이고 기독교를 대단히 싫어하였다. 나는 드러내 놓고 신앙을 고백할 수 없어 잠잘 때 이불을 뒤집어쓰고 '하나님, 나를 더 좋은 사람이 되게 해주세요.'라고 기도하였다. 8개월쯤 지났을 때였다. 내가 종교책을 빌리러 선교사를 찾았더니, 그는 '당신은 하나님을 믿습니까?'라고 내게 물었다. '예'라고 대답하였다. 그는 다시 '당신은 하나님께 기도하고 있습니까?'라고 묻기에 나는 '예'라고 대답하였다. '어떻게 기도합니까?'라고 묻기에 '밤에 이불을 뒤집어쓰고'라고 대답하였더니, 그는 웃으면서 말했다. '당신은 겁이 많군요. 왜 신앙을 고백하고 세례를 받지 않습니까?'라고. 나는 비겁하다는 말을 듣기 싫었기 때문에, 처음으로 교회에 나가 예배를 드렸다. 그리고 세례를 받았다.

중학교를 졸업하고 동경에 가서 기독교 학교에 입학하였다. 나는 동경의 빈민가에서 전도를 시작하였지만, 병에 걸려 동경을 떠나야 했다. 내게는 15엔밖에 없어 월 1엔의 방값으로 어촌의 작은 집을 빌려 살았다. 1엔은 미국 통화로 겨우 30센트였다. 작은 집에는 간이 침대도 이부자리도 없었기 때문에 침대 대신 짚을 얻어 1년 가까이 살았다. 나는 매우 고독하였다. 선교사가 나를 찾아 그 누추하고 작은 집에서 4일 동안 함께 있어 주었다. 우리들은 같은 방에서 잤다. '무섭지 않아요?'라고 내가 물었더니 '무섭지 않다'라고 그는 대답하였다. 그리고 그는 말하였다. '자네의 병은 전염된다. 그러나 사랑은 더 전염되는 것이야'라고. 나를 사랑할 수 있다고 그가 생각하였으니까, 나는 빈민가 사람들을 사랑해야 한다, 만일 내가 병에서 회복하길 기대한다면 가난한 사람에게 가야겠다고 나는 결심하였다.

나는 22살 때 빈민가에 들어갔다. 크리스마스 전날 밤 길가에서 전도를 하고 있는데, 전에 감옥에 있었던 사람이 찾아왔다. 그가 태어났을 때 어머니는 그를 죽이려 했지만, 그는 살아남아 도적이 되었다. 그리고 9년 동안 감옥에 있었다. 감옥에서 그는 한 소매치기로부터 신약성서를 받아 개심하였다. 그는, 내게 빈민가에 빈집 한 채가 있는데 그 집에 살던 한 노동자가 피살되어 유령이 되어 나타난다는 소문이 있다고 했다. 방값이 너무 쌌기에 나는 그 유령이 나온다는 집으로 짐을 옮겼다. 그 노동자가 죽었던 곳에 침상을 깔았지만, 유감스럽게도 유령은 나타나지 않았다. 그 집에 살고 있다는 것만으로 나는 영웅이 되었다. 내가 용감하여 유령을 쫓아내는 초자연적인 힘을 가지고 있다고 사람들이 말했다. 다음날 한 사나이가 와서 '나는 실직했다. 함께 살자'라고 말했다. 나는 그와 한 침상을 쓰게 되었다. 며칠 뒤 두 번째 사나이가 찾아왔다. 그는 살인범이었다. 그는 물건을 파는데, 어떤 젊은이가 좌판을 뒤엎고 물건을 부숴버렸다. 그는 순간 욱해서 그 사나이를 때려눕혔고 그 젊은이는 바로 죽었다. 그러나 재판관은 이 살인범을 동정해서 1년 반 수감된 뒤 석방되었다. 내게 왔을 때 그는 정신병을 앓고 있었고, 밤마다 유령이 나타나는 꿈을 꾸었다. '가가와 씨, 당신은 유령을 쫓아내는 능력이 있다지요. 당신 손을 꼭 잡게 해주세요. 그러면 나는 더 이상 유령이 나타나는 꿈을 꾸지 않을 겁니다.'라고 그는 말했다. 그래서 나는 그의 손을 잡아 주었지만 그는 여전히 유령이 나타나는 꿈을 꾸었다. 밤마다 비명을 질러 끔찍했지만 4년쯤 함께 살다가 정신 장애가 없어졌다. 그 다음 세 번째 사나이가 찾아왔다. 그는 성병에 걸려 있었고 보기에도 참혹했다. 그때 내 주머니에는 겨우 11엔밖에 없었다. 아무리 일본이라도 네 사람이 11엔으로 생활하기는 너무 벅차다. 우리들은 점심은 거르고 하루 두 끼만 먹었다. 물만으로 빈 배를 채우기도 했다. 나는 배가 고파 일할 수도 없었다. '우리에게 일용할 양식을 오늘 주옵소서'(마태복음 6:12) 만일 먹을 것이 풍부했다면 이 주기도의 의미는 절대 알 수 없을 것이다.

나는 중노동을 하면서 책을 쓰기 시작하였다. 결과는 생각대로 되지 않았다. 나는 이른 아침 일하러 나가는 사람들에게 설교하였다. 술주정뱅이들에게는 오후 2시에 설교하였다. 그들이 맨 정신으로 있을 때는 그 시간뿐이었기 때문이다. 노름꾼에게도 설교하였다. 나는 낮이나 밤이나 설교하였지만 결과는 좋지 않았다. 사람들은 한 번 빈민가에 들어오면 더 나아지려는 희망을 갖지 못하기 때문이다. 나는 열심히 복음을 전하고 가난한 사람들을 도우려 하였다. 빈민가에 있는 많은 가난한 사람들은 모두 이런 약점을 지니고 있었다. 병자, 노인, 신체 장애자 등 육체적 약자와 지적 장애자, 정신 장애자, 간질, 정신병 따위 정신적 약자들과 술주정꾼, 노름꾼, 게으른 사람,

범죄자 등 도덕적 약자 이 세 가지 약자들이다. 그러므로 무료진료소, 교육, 선교, 세 종류의 기독교 활동이 필요하다고 나는 생각했다.

5년 남짓 빈민가 생활 뒤 나는 미국에 건너가 프린스턴에서 배웠다. 2년 동안 유학생활을 마치고 돌아와서 나는 전술을 바꾸었다. 노동조합을 조직하기 시작한 것이다. 경제구조의 변혁이 일어나지 않는 한 빈민가를 변화시키는 일은 절대 불가능하다고 생각하였다.

그래서 대규모 시위를 벌였다. 4만 5천명이 여기에 참가했다! 나는 450명의 지도자와 함께 체포되었지만 감옥에서 보낸 시간은 지낼 만했다. 내가 있던 방은 넓었고 시간 여유도 있었다. 간수가 나에게 펜과 종이를 주어서, 글을 쓰거나 여러 생각들을 할 수 있었다.

감옥에서 석방되자 나는 또 농민조합 만드는 일을 시작했다. 일본에서 농민은 너무나 가난했기 때문이다. 나는 다시 체포되었다. 이유는 내가 지사 마음에 안 들었기 때문이 아니라, 15만 명의 농민이 농민조합에 들어왔기 때문이다. 그 뒤 4년 동안 러시아에서 공산주의가 일본에 들어와, 2만 5천명의 대학생을 포함하여 5만 명 이상의 일본인 공산주의자들이 체포, 투옥되었다. 우리는 개인의 구원뿐 아니라, 사회적 구원에 있어서도 예수 그리스도가 구원할 수 있다는 사실적인 힘을 보여야 한다는 것을 알았다. 그래서 나는 소비협동조합, 신용협동조합, 학생신용협동조합을 만들었다. 지금까지 5백 20만 세대가 일본 협동조합연합회에 가입하였고 1,400개 조합이 있다. 농민의 80퍼센트가 협동조합원이다. 이것은 기독교 형제애의 실천이 아닐 수 없다.

일본은 변하고 있다. 지난 2년 동안 우리들은 종교의 부흥을 경험하고 있다. 모든 종교에 활기가 넘치고 여러 사람들에게 퍼지고 있다. 사람들은 공산주의건 자본주의건 그들이 말하는 유물론을 좋아하지 않는다. 일본 지식인층 99퍼센트는 유물론을 신뢰하지 않는다. 유감스럽게도 신문이나 그 밖의 국제 보도 기관은 이런 상황을 해외에 전하지 않고 있다.

일본은 그리스도를 믿는 사람은 적지만, 지금 기독교의 영향력은 나날이 커지고 있다. 기독교는 사람들 마음 깊이에 있다. 일본에서 기독교는 교회 밖에서 시작되고 있다. 오늘날 일본에 와 보면 사회활동가 대다수가 그리스도를 믿는 사람인 것을 볼 수 있을 것이다. 기독교 나환자 요양소도 몇 곳 있다. 흥미 깊은 일은 불교의 사회봉사 조직에도 기독교인이 일하고 있는 것이다. 불교도들은 승려들이 벌이는 사회활동에 기독교인들이 활동하는 것을 존경의 눈으로 보고 있다. 그들은 이 사람들의 생활을 통하여 십자가의 정신이 무엇인지 보기 때문이다.

일찍이 일본에서 노동자들은 존경의 대상이 아니었다. 노동자들은 지역이나 사회에서 업신여김을 받았다. 기독교가 들어오고 나서 기독교 창시자인 예수가 목수고 육체노동자였다는 것을 우리들은 알았다. 그래서 오늘날 우리들은 그리스도를 믿고 이 신앙에 서서 실천한다. 일본 노동동맹은 동경에 있는 교회에서 시작하였다. 얼마 안 있어 불교도가 이끌게 되었지만 본부는 지금까지도 그 교회에 있다. 일본 노동조합 전 회장은 기독교인이었고 지금 제3대 회장도 역시 기독교인이다.

일본에는 575만 세대의 농민이 있지만, 약 70퍼센트는 소작인이고 매우 가난하다. 이제는 그 소작 농민을 위한 커다란 연합체인 농민조합이 있다. 회장은 기독교인이다. 그리스도가 일본에 왔기 때문에 노동자나 농민은 더 나은 생활을 할 수 있게 된 것이다. 이미 말했듯이 기독교에 대한 편견이 매우 강하고, 뿌리 깊지만 속죄애의 놀라운 실례를 보이는 선교사들은 그곳에 반석을 쌓고 있다.

하지만 오늘날 교회에는 30만 명의 기독교인이 있을 뿐이다. 일본에는 1,800개 교회가 있지만 그 대부분이 도시에 있다. 시골에는 3천만 명의 사람이 있고 9천 개의 마을이 있지만 그 사람들을 위한 전도소는 겨우 170개가 있을 뿐이다. 아직도 550만 명의 농민들이 가난하고 비참한 상태에 있다. 날마다 바다로 고기를 잡으러 나가는 어부는 약 150만 명이 있지만, 이 어부들을 위하여 한 사람의 선교사, 한 사람의 전도자도 없다. 갈릴리의 복음은 먼저 세베데의 아이들에게 전해졌지만 세베데의 자식들은 교회도 예배당도 없다.

러시아는 시베리아나 몽골을 거쳐 오면 일본과 가깝다. 우리나라에는 러시아 문학 작품이 넘쳐난다. 칼 마르크스는 오늘날 러시아를 빼고 다른 어느 나라보다 더 널리 읽히고 있다. 이런 사실은 우리들에게 무가치하지 않다. 우리들은 선입견을 접고 기독교는 세계를 혼란에서 구할 수 없다고 주장하는 유물론과 공산주의의 그리스도교 비판에 솔직하게 맞서야 한다. 나는 며칠 밤 모기장 안에서 일본 공산당 지도자들과 얘기를 나누면서 그런 비난을 들었다. 우리들은 종교는 아편이라는 모스크바의 집요한 주장이 정당한가에 대하여 밤새 토론한 일도 있었다. 해방을 위하여 힘써 싸우고 변두리 빈민가의 절망적인 가난을 늘 알고 있는 일본 노동자 사이에서, 나는 실제로 그리고 성실하게 그 비난을 들어야 했다.

일본에서 기독교는 '배신자의 종교'라고 생각되었다. 왜냐하면 기독교는 예전에 유럽의 경제, 정치 세력이 극동으로 확장하는 것과 결합하였기 때문이다. 일찍이 가장 용감하고 앞을 내다보는 젊은이들만이 기독교에 들어올 결심을 하였다. 2,30년 전 내가 그리스도를 믿게 되었을 때 이런 결심을 하는 사람은 급진적인 사람뿐이었다. 나는 이들 급진적인 사람들 가운데 계속 기독교인으로 남은 거의 유일한 사람이다. 많은 사람들은 이런저런 이유로 교회를 떠나갔다. 어떤 사람은 교회가 러일전쟁 때 군국주의 운동을 지지하는 것을 보고 교회를 떠났다. 또 다른 사람들은 러시아혁명이나 공산주의 선전에 강하게 끌려서 떠나갔다. 처음 그리스도에게 와서 실망한 뒤 공산주의로 전향했다. 나와 같은 시대를 산 이들 젊은 일본인 지도자들은 내가 가장 친하게 느끼는 정신적 형제들이다. 그들은 내 마음에 무거운 짐이 되고 있다. 우리는 함께 가난에 허덕이는 조국을 위하여, 일본 사회가 안고 있는 여러 문제의 철저한 해결을 추구했던 것이다. 우리들은 그들의 눈을 통하여, 그들의 생각에 따라 현대사의 사건을 보아야 한다. 그리고 그들을 다시 그리스도에게 불러오기까지 그들의 기대를 채울 수 있는 기독교 프로그램을 위하여 무엇이 필요한가 공부해야 한다.

3

유물론 및 정치적 사회주의가 제시한 현상을 생각해보사. '종교는 인민의 아편이다'라고 공산주의자는 말한다. 다른 한편, 노동자 독재를 선언하며 직접 폭력혁명으로 영원한 사회질서를 만들려고 한다. 러시아는 그것을 시도하였다. 그러나 러시아에는 사상, 언론, 직업 선택, 투표, 신앙의 자유 또는 이주의 자유가 없다. 혁명 초기에는 물품 거래의 자유조차 없었다. 산업은 기능이 마비되고 사람들은 가장 기초적인 생활필수품도 구할 수 없었다. 러시아에서는 이 실험 가운데 몇 백만 명의 목숨이 사라졌고 그들이 목표로 하였던 진정한 공산주의 사회가 아니라 가장 불만족스러운 강제 협동조합 국가를 만들었다. 오늘날 러시아혁명의 가장 열광적인 연구자조차, 그들이 목표로 하였던 성과를 달성하지 못한 것을 인정하고 있다.

1917년 러시아혁명이 일어나고 얼마 안 되어서 독일 사회민주주의가 성공하였다. 1919년 에베르트가 독일 대통령에 취임하여 독일 사회민주주의는 나라 전체를 장악하였다. 그러나 그들은 산업을 다시 일으키는데 있어서 이렇다 할 성과를 남기지 못한 채 무너졌다.

영국에서는 주로 의회 안에서 정치 활동을 수단으로 하는 영국 노동당이 칼 마르크스가 제창한 폭력혁명을 피하여, 1924년부터 람제이 맥도날드 내각까지 사실상 정권을 잡았다. 그들은 한 세대에 걸쳐 견실하고 점진적인 발전의 기초를 놓았다. 우리들은 큰 기대를 가지고 거기에 주목하였다. 그러나 우리들은 실망하였다. 마르크스주의 유물론적 사회주의가 더 이상 정치, 또는 법적 행동으로 실업을 줄이거나 사회 또는 경제재건을 보장할 수 있는 정치적 사회주의가 아니라는 것을 알았기 때문이다.

이리하여 동양에 있는 우리는, 유물론적 사회주의나 정치적 사회주의를 대표하는 최근의 러시아, 독일, 영국 노동자정당 정부가 세계를 지금의 혼돈으로부터 구출하여, 이제 지상 명제가 된 경제 재건을 성취할 힘이 없다고 결론을 내릴 수밖에 없다.

그렇다고 해서 우리는 과거로 돌아가 자본주의의 수정 형태로 '회복'을 도모할 수도 없다. 요즘 미국에서는 뉴딜의 '관리 자본주의'에 관련하여 많은 사람들의 희망이 크게 무너졌다. NIRA(전국산업부흥법)의 실패로, 자본주의는 개선된 형태라 하더라도 영원한 사회 질서에 속하지 않는다는 것이 역사에서 크게 쓰여지고 있다. 우리들이 아무리 통제하려고 해도 자본주의는 자유경쟁 원리에 바탕을 두고 있으며, 다음과 같은 네 가지 특징이 있다. (1)약탈 시스템 (2)적은 사람 손 안에 자본 축적, 이들이 상류계급 또는 유한계급을 만든다. (3)자본 집중과 동시에 세력은 지배계급에 집중한다. (4)무산자, 저임금 노동자가 대부분을 차지하고 그 수가 늘어간다. 그들의 이름은 프롤레타리아트. 이 계급은 공업국 어디에나 있다. 결코 러시아에만 있는 것이 아니다. 자본주의는 또한, 프롤레타리아트와 상류계급 사이의 계급투쟁으로 그리고 공황이나 실업이 늘어난다는 특징이 있다. 이것은 역사적으로 피할 수 없게, 유물론적인 공산주의를 낳게 된 자본주의의 비극적 현상이다.

과거의 비극을 되풀이해서 말하거나 비난만 해서는 충분치 않다. 우리들은 유물론적 공산주의도 정치적 사회주의도 이루지 못하였으며, 교리주의 기독교의 힘도 미치지 못했던 사회 재건의 새로운 길을 모색해야 한다.

제2장

Brotherhood Economics

그리스도와 경제

1

어떤 사람들은 기독교의 진정한 실천은 완전히 종교적이지 경제생활과 아무 관계가 없다고 말한다. 신경 계통은 소화기 계통과 아무 관계도 없다고 주장하는 것과 같은 잘못된 생각이다. 물론 계통 간 다른 점이 분명히 있다. 그러나 몸 속 관계에서 그들은 모두 똑같이 중요하다. 소화기가 제 기능을 못할 때, 신경 계통 기능은 식욕을 돋우고, 미각을 고르고, 소화 활동을 돕고, 약에 반응하는 등 소화 계통에 지시를 한다. 마찬가지로 종교는 경제생활과 관련되어 있다. 그러나 동양에서는 거래나 장사 같은 경제생활은 사람의 품위를 떨어트린다고 낮추어 보았다. 서양에서도, 종교와 경제는 기본적으로 분리되었다고 주장하는 사람들이 적지 않다.

그러나 그리스도는 그런 태도를 갖지 않았다. 그는 자주 경제의 기본을 다루고 있다. 그는 언제나 먹을거리에 감사하였고, 그의 가장 큰 가르침은 친구들과 밥을 먹는 밥상에서 주어졌다. 그의 태도는 주기도문에 명백하게 나타난다. 그는 일용할 양식을 구하는 기도를 땅 위에서도 하나님 나라가 실현되도록 비는 기도와 결합시켰다. 주기도문 여섯 기도 가운데 셋은 사람에 관한 것이다.

'하늘에 계신 우리 아버지'

이것은 하나님에 대한 절대적인 공손을 뜻하며, 기독교 모든 기도의 출발점이다.

'나라가 임하옵시며'

이것은 어떤 개인적 희생을 치르더라도 하나님나라를 이루는 급무에 온 몸을 바칠 것을 의미한다.

'뜻이 하늘에서 이룬 것같이 땅에서도 이루어지소서'

이것은 역사 안에서 이루어지는 하나님의 일에 절대로 순종을 뜻한다. 마르크스주의 유물사관 대신, 우리들은 그리스도와 함께 불행한 사건, 십자가, 인간의 증오나 잔인의 극치를 모두 다 하나님의 섭리, 하나님의 사랑, 용서, 속죄의 계시로 해석할 수 있다. 겟세마네동산에서 하셨던 것처럼, 그리스도는 '내 뜻이 아니라 하나님의 뜻이 이루어지기를' 기도하셨지만, 이런 기도는 그의 온 생애 동안 변하지 않았던 하나님 의지에 순종하는 그리스도의 마음에서 우러나온 것이었다.

'우리가 일용할 양식을 오늘도 주옵소서'

이 뒤에 나오는 세 간구에서 '우리들'이라는 대명사는 널리 인류를 의미한다. 우리들은 나 자신의 빵을 위해서 기도해야 한다. 날마다 생활을 할 수 없으면 종교는 무의미하다. 제자들이 생선이 없었을 때 그리스도는 그들에게 생선과 빵을 주셨다. 그러나 우리들은 나만을 위한 빵을 위하여 기도할 수 없고, 우리들의 작은 공동체만을 위해 기도해서도 안 된다. 빈민가에서 세 사람의 극빈자와 함께 살면서 아무 것도 먹을 것이 없었을 때, '우리가 일용할 양식을 오늘도 주옵소서'라는 기도의 뜻을 분명히 알았다. 오늘날 미국에서는 1,200만명의 실업자가 고통을 겪고 있다. '우리들에게는' 그들 모두를 가리킨다. 그것은 우리들의 나라, 정책 그리고 모든 나라를 포함한다. 만일 기독교가 그들을 위하여 아무 것도 할 수 없다면, 우리들은 어떻게 주기도문을 되풀이할 수 있을까.

'우리가 우리의 죄 지은 자(채무자)를 용서하듯이 우리 죄(채무)를 용서해주소서'

우리들은 완전한 용서를 필요로 한다. 어떻게? 경제적 협동을 통해서다.

'우리를 유혹에 빠지지 않게 하시고 악에서 구하소서'

우리는 형제들이 유혹에 빠지지 않도록 환경을 바꾸어야 한다. 오늘날 도시 생활은 비참하다. 도시가 크게 될수록 범죄가 많아진다. 법률만으로 범죄자나 빈민가 소년들을 바꿀 수 없다. 그들의 환경을 바꾸어야 한다. 그렇지 않으면 결코 그들을 행복하게 할 수 없다. 일본에서 우리들이 농민조합을 만들고 협동조합운동을 시작하고 나서 도둑이 거의 자취를 감추었다. 좋은 협동조합이 있으면 도둑질하려는 욕망이 사라진다. 스웨덴이나 덴마크에서도 그렇다. 그들 나라에는 도둑이 적다. 그러나 미국에는 많은 경찰관, 감옥 그리고 범죄자가 있다. 영국에는 인구가 4500만 명인데 그 중 범죄자는 단지 7천 명이며 그것도 절도죄는 가장 적다. 좋은 국민실업보험, 노령연금, 큰 도시가 있으면 연기로 뒤덮인 문명이 있다. 그리고 좋은 협동조합운동이 있으면 그 나라에 절도가 사라진다.

만일 우리가 이 기도를 완전히 이해하면, 그 밖에 무엇을 더 기도할 필요가 있을까? 모든 것이 주기도문 여섯 항목에 들어있다. 그 속에서 그리스도는 경제에 대한 놀라운 가르침을 주셨다.

2

가치의 7요소

객관적 세계와 절대적 세계 사이, 자연과 하나님 사이에는 7가지 통로가 있다. 생명, 노동(또는 에너지), 변경, 성장, 선택, 질서(또는 법칙), 목적이 그것이다. 이들은 모든 형태의 경제에 통하는 가치의 7요소이다. 그리스도 자신이 이들 가치의 7요소에 대한 기본을 우리들에게 보이신다.

1. 생명

그리스도는 말했다. '사람이 온 세계를 얻은들 자기 생명을 잃으면 무슨 소용이 있으랴. 사람이 자기 목숨 대신 무엇을 줄 수 있으랴.'(마태복음 16장 26절) 그리스도는 여기에서 경제적 가치의 기본 원리는 생명 가치로부터 시작할 것을 말하신다. 그는 경제적 가치의 차이를 인식하여 '참으로 목숨은 먹을 것보다 중요하고 참으로 몸은 의복보다 중요하다'(마태 6:25)라 말하고 있다. 몸의 경제는 목숨을 유지하는 활동이 가치기준이 된다. 생명을 보전하려면 먼저 먹을거리, 옷, 집이 필요하고 그와 함께 공중 위생시설, 경찰, 소방, 전쟁반대 시책, 기타 생명 보호를 위한 수단이 필요하다.

2. 노동

육체노동의 가치는 생명 보전과 밀접하게 관계된다. 목숨을 유지하려면 노동을 뺄 수 없기 때문이다. 예수는 노동의 가치를 이렇게 확인하셨다. '우리 아버지가 지금도 일하시니까 나도 일한다.'(요한 5:17) 이리하여 그는 노동 가치가 목숨 가치 다음으로 중요하다고 말하신다. 더욱이 잘 알려져 있는 포도밭 노동자 비유에서 실업자라도 착취해서는 안 되고 일을 시킬 때에는 생활비를 보장해야 한다고 예수는 주장하신다.(마태 20:1~16) 만일 경제가 생명과 노동만이라면 자연주의적 방법이 정당하다고 평가할지 모른다. 그러나 이미 말했듯이 이 두 가치 행동조차 심리적 요인이 크다는 것을 잊어서는 안 된다. 예를 들면, 자유스러운 노동은 강제 노동보다 세 배 이상 효율이 높다는 것을 우리는 모두 알고 있다.

3. 교환

그리스도는 비싼 진주의 비유에서 변경이나 교환 가치를 말씀하셨다.(마태 13:44~45) 그리스도는 또한 '옷을 팔아 그것을 사시오.'(누가 22:36)라고 제자들에게 말하셨다. 개인 욕구의 차이는 필연적으로 물물교환이나 그보다 복잡한 거래를 만들어낸다. 이런 차이는 다양한 날씨, 환경, 기타 요소 나아가 부분적으로는 취향에 바탕을 둔다. 교환은 매우 중요하고, 경제는 거의 여기에 기초를 두고 있다.

4. 성장

예수는 밀과 가라지의 비유(누가 13:19)에서 제4요소인 성장에 대해 말씀하셨다. 또한 달란트의 비유에서 은행에 대하여 말하시고, 이윤이나 이자에 대하여 말하셨다.(누가 19:13) 그러므로 그는 말하신다. '누구든지 가지고 있는 사람은 더 주어져 풍부하게 되지만 갖지 않은 사람은 가진 것까지 빼앗기게 된다.'(마태 25:29) 이리하여 그는 이 주목할 만한 성장이라는 가치원리에 대하여 우리들의 생각을 불러일으킨다. 예수가 지적하였듯이 성장의 법칙은 자연 가운데 있다. 한 알의 밀은 수확 때까지 수가 늘어나 백오십 배나 된다. 한 마리 암탉은 한 해 100개 이상의 알을 낳는다. 마찬가지로 말, 소, 양, 염소는 늘어난다. 사람도 마찬가지다. 이런 번식은 인간의 과학 지식이나 기술로 크게 늘어났고 생산 증대는 거래를 통해 인류의 공조조직으로 양적으로나 질적으로 촉진된다. 기계 이용도 더욱 발전하여 인간 활동의 효율은 늘고 생산은 18세기 이전 사람들의 상상을 넘어 몇 백 배, 몇 천배가 늘어났다.

5. 선택

이런 변경이나 성장이 쉽게 이루어지게 된 것은 자본주의 문화의 특징이다. 그러나 단순한 변화나 성장이 반드시 행복을 가져오거나 인격의 성장에 공헌하는 것도 아니다. 기계 생산 분야에서는, 예술가는 가치 없는 존재고 그다지 소용이 없다. 그러나 화가가 그림을 그리는 일은 다른 사람보다 잘 하는 것이니까, 선택이라는 가치의 제5요소가 들어와 선택을 대상으로 하는 경제가 존재하게 된다. 그리스도가 '만일 왼손이나 발이 당신을 걸려 넘어지게 하면 그것을 잘라 버리세요.'(마태 18:8)라 하실 때 이 제5요소를 지적하는 것이다. 되풀이 말하지만 그리스도는 심판의 말이나 여러 비유로 선택에 대하여 우리에게 가르치시며 자기를 검증하고 자기 마음을 음미하도록 주의를 주셨다. 우리는 이 제5요소 가운데 직업이나 가업 선택을 위한 효율경제의 가능성을 본다. 신체적, 감각적, 교육적, 심리적 요소의 차이가 가업이나 직업에서 여러 주목할 효율을 가져왔다. 하나의 결과로 직업의 경제는 근대 도시에서는 매우 복잡하다. 유물론적 사회주의는 근대 도시의 실업 문제를 해결하지 못한다. 직업의 경제는 심리적으로 결정되기 때문이다. 사회 입법이나 직업 지도 등 예전의 물물교환 경제시대에는 생각도 하지 못했던 일이다.

6. 질서

제6요소에 대해서 그리스도는 '나는 폐지하기 위해서가 아니라 완성하기 위해 왔다'(마태 5:17)라 말씀하시며 그 중요성을 강조하였다. 그는 사랑은 이 법의 완성임을 역설하고, '내가 여러분들에게 새로운 계명을 줍니다. 서로 사랑하시오'(요한 13:34)라 말하신다. 상법, 은행법, 협동조합법, 노동법 등 오늘날 각종 사회적 경제 법규는 이런 법률로 만들어진 권익과 공존하고, 그 권익은 사회 의식에서 나타난 것이다. 여기 추상적 사항에 관한 권익의 경제가 생긴다. 다름이 아니라 바로 이곳에 정치와 경제가 결합하고 세력과 가치의 여러 활동이 복잡하게 관계한다. 그러나 사회 입법의 경제는 생활 전체의 목적에 관한 문화의 경제와는 수준이 다르다.

7. 목적

목적 가치의 변화는 문화의 유형에 영향을 준다. 시대마다 여러 가지로 다른 것이 강조되었다. 어떤 때에는 예술이, 어떤 때에는 이성이, 어떤 때에는 의지의 훈련이 강조되었다. 인류의 판단이나 주목하는 곳에 보편적인 초점은 없으므로 문화의 여러 양식이 나타난다. 종교의 발전도 마찬가지라고 말할 수 있다. 사람은 삶 전체를 의식할 때 매우 종교적으로 된다. 그리하여 어떤 시대에나 문화 경제의 차이는 다르게 된다.

제7요소인 목적에 대해서 예수는 '여러분의 하늘 아버지가 완전하시듯이 여러분도 완전한 사람이 되시오'(마태 5:38)라 가르치고, 하나님에 대한 봉사가 그 수단인 부의 추구와 대립하는 것임을 강조하셨다. 사람들은 '여러분은 하나님과 재산을 겸해서 섬길 수 없다'(누가 16:13) 는 예수의 말을, 종교생활은 경제생활과 관계가 없다고 해석한다. 그러나 정말 경제생활이 하나님의 목적을 성취할 종교생활과 일치하지 않을 때, 그 중요한 의미를 잃어버린다고 예수는 말하신 것이다.

이 가치의 7요소는 우리들이 경제시스템을 검증하는 기준이 된다. 그들은 주관적 세계에서 객관적 세계에 이르는 일곱 통로이다.

3

십자가와 경제적 가치

예수 종교의 위대함은 그의 가르침이 우수한데 있지 않고, 그의 의식이 하나님의 그것과 하나라는 것 그리고 십자가 위에서 끝마친 짧은 삶에서 사람이 실현할 수 있는 모든 정신적 발달을 체현한 데 있었다. 실제로 예수의 십자가는 하나님의 사랑과 인간 사랑의 완전한 융합을 보인 것이다. 사람들은 이것을 속죄애라는 말로 표현하지만, 그의 귀한 죽음을 충분히 표현할 수 있는 말은 없다. 그는 사람을 새로운 관점으로, 즉 하나님의 관점으로 보고 인류를 구제하는 하나님의 무거운 책임의 짐을 함께 졌던 것이다. 이 귀한 보편적 의식과 하나님에 대한 완전한 사랑의 감정 그리고 인류의 죄의 고백으로 하나님과의 접근이 결합되었다.

우리는 여기에서 개인의 가치운동과 사회의 가치운동 사이에 완전한 일치를 본다. 신학자들이 흔히 예수 속죄의 죽음은 개인의 영혼을 위한 일이고, 사회 전체를 위한 일은 아니라고 말하지만, 그것으로는 충분치 않다. 개인의 잘못은 전 세계의 고통을 불러일으킨다. 그러므로 그리스도의 속죄애는 사회 전체를 구하기 위한 개개인의 혼의 구원을 의미한다.

만일 십자가의 의식을 전 인류가 이해하게 된다면 이상적 사회가 쉽게 이루어질 것이다. 이 십자가의 사랑은 경제적 가치의 7요소 모두를 포함한다. 그것은 멸망에 이르는 생명을 구한다. 그것은 잃어버린 힘을 되찾는다. 그것은 죄로 굳은 영혼에 진리의 자유를 준다.

그것은 타락한 영혼에 하나님나라의 성장의 힘을 소생시킨다. 그것은 선택할 힘을 잃은 사람에게 선택할 힘을 준다. 그것은 혼란 가운데 있는 사람에게 바른 질서를 준다. 마지막으로 그것은 삶의 목적을 잃은 사람들을 사랑으로 구원한다. 예수가 두려움을 모르는 속죄의 생애로 보이신 정신은 이들 7요소의 재생을 보증한다. 그러므로 만일 십자가 정신이 우리들의 일상생활에 짜여진다면 우리들의 경제 실천에서 주저하거나 더듬는 일은 전혀 없게 될 것이다.

근대 자본주의 체제는 십자가가 갖는 경제적 함의를 무시하고, 그것을 경제 가치와는 관계없는 신성한 일에 불과하다면서 십자가를 짓밟았기 때문에 실업과 공황이라는 저 무서운 세월을 경험하게 되었던 것이다.

만일 십자가 의식이 경제활동에 필요한 가치로 이해되었다면 하나님 나라의 실현은 의심할 여지없이 공산주의를 훨씬 능가하였을 것이다. 셀 수 없을 만큼 많은 선교사들이 밀림이나 미개한 사람들에게 복음을 전하기 위하여 순교하고, 몇 백 만 명의 인도주의자들이 수많은 자선사업을 위하여 거액을 기부한 사실은 십자가 의식의 증거에 다름 아니다. 그러나 불행하게도 이런 그리스도교 운동은 개인적인 십자가 의식에 그쳐 사회 전체를 바꾸지 못하고 있다. 이런 운동이 하나님나라를 위한 그리스도의 계획에 따라 사회화하지 않은 것은 유감스럽다. 바울도 이것을 그리스도의 소마(몸)란 이념으로 생각하였다. 바울에게 소마는 민족 전체나 사회 전체를 뜻했다. 이런 생각은 그리스도의 사랑에 바탕 두고 있다.(에베소 5:30) 어떤 사람들에게는 그리스도 속죄의 죽음은 사회를 위해서가 아니라 개인의 혼을 위한 것인지도 모르지만, 바울의 이해로는 전체를 위한 것이었다.

이 사상이 우리들의 출발점이다. 즉 십자가를 기쁘게 지는 사랑이야말로 그리스도교의 본질이고, 이 십자가를 믿는 것이 참 종교생활이다. 그리고 이 십자가를 지는 사랑을 사회경제의 원리로 인정한다면 경제 세계에도 혁명이 일어나리라고 나는 믿는다. 십자가를 지는 사랑에 비추어보면 개인의 소유권이나 상속권은 모두 하나님과 사회에 바쳐야 하는 것이고, 이윤과 수익은 모두 하나님께 속한 것으로 이해되고, 그렇기 때문에 정당하게 하나님께 돌려져야 할 것이다.

다시 말하면, 십자가를 지는 사랑은 세계 재창조의 첫걸음이 될 것이다. 그것 말고는 잃어버린 것을 되찾을 수가 없기 때문이다. 사실 십자가를 지는 사랑은, 실업자에게 관심을 갖고, 공황으로 잃어버린 것을 찾는 커다란 사랑의 형태가 되지 않을 수 없다. 예로, 미국을 생각해보자. 미국에는 1,200만 명의 실업자가 있고, 총 인구는 1억 2천만 명이다. 즉 열 명에 한 사람이 실업자다. 만일 각 그룹에서 나머지 아홉 사람이 십자가의 정신으로 하나가 되어서 실업한 자기 형제들을 돌본다면 실업 문제는 쉽게 해결될 것이다. 만일 이 사랑이 협동조합운동에 적용된다면 라이파이젠 신용협동조합운동보다 더 우수한 것이 태어날 것이다. 왜냐하면 그것은 더 큰 사회적 사랑의 동기를 갖기 때문이다.

그러므로 십자가를 지는 사랑의 원리는 설교단에서 하는 신학 이론에 머무르지 않고, 인간의 사회생활 전체에서 나타나야 된다고 나는 믿는다. 바로 이곳에 기독교의 본질이 경제운동의 본질이 되는 원리가 존재한다.

유감스럽게도 기독교의 정신은 사랑의 실천에 관여하지 않고, 절대적으로 하나님께 귀의하는데 있다는 태도를 취하는 사람들이 있다.

이 사람들은 종교적 운동을 완전히 경제적 실천과 분리시킨다. 하나님에 대한 절대적 귀의는 진정 훌륭한 일이다. 그러나 우리가 하나님께 귀의한다면서 손발도 까딱하지 않고, 하나님이 우리를 도와주실 거라고 믿는다면, 그것은 미신과 다를 바가 하나도 없다.

결국 신앙이란 하나님이 주시는 가능성을 믿는 것이다. 이 가능성을 믿는 그 자체가 인간의 행동을 요구한다. 인간이 노력할 필요성을 부정하고 믿는 행위만을 강조하는 사람들도 그들이 사랑의 활동을 무시할 이유는 존재하지 않는다. 만일 하나님만 생각하고 인간을 무시한다면 종교는 무의미하게 되고 인간을 창조한 이유도 없게 된다. 만일 사람이 사랑의 행위가 자신의 의지에서 나온 것으로 생각한다면, 그 사람은 사랑의 행위로 자기 자신이 구원을 얻는다고 생각할 것이다. 그러나 만일 사랑의 행위를 하나님이 정하신 진보적인 일로 생각한다면, 그들은 구원이 자기 노력이 아니라 하나님이 불러 일으켜주신 사랑의 결과임을 알 것이다. 사도 요한은 말한다. '사랑은 하나님으로부터 온다.'(요한1서 5:7) 사실 사랑은 인간을 통하여 흘러나오는 하나님의 활동이다. 사랑이라는 말의 쓰임법을 오해하지 않기 바란다. 내게 사랑이란 속죄애를 가르치는 것이지, 어떤 의미에서도 그 이하로 해석하는 것이 아니다. 속죄애는 전체적인 의식, 즉 하나님의 의식에서 나온다. 그러니까 하나님으로부터 오는 것이다. 이 사랑은 인간 의식의 통로로 흘러들어오지만 하나님의 의도를 따르는 것이다. 그러므로 신앙이란 언뜻 봐서 약하게 보이는 사랑의 힘이 인간 폭력의 힘보다 위대함을 믿는데 있다.

마찬가지로 우리들은 그리스도의 인간애의 생각에 대해서도 말할 수 있다. 그리스도의 사랑의 의미는, 사람이 그 사랑을 통하여 하나님나라에 가기 전에 이 땅에서도 구원받으리라는 신앙을 전한다. 이리하여 사랑은 하나님의 참 본성과 매우 가깝게 된다. 사랑은 하나님으로부터 온다. 그러므로 신앙(이라고 우리가 부르는 것)은 그 사랑의 가능성에 대한 신앙을 포함해야 한다. 그런 신앙이 그 사랑을 가능하게 해야 한다. 우리가 우리 자신을 통하여 하나님이 작용하시게 하지 않으면 하나님 자신도 그 가능성을 실현할 수 없다. 하나님에 대한 신앙이 말뿐인 피상적인 신앙에 머무는 자기중심적인 사람들이 있다. 그들은 하나님의 참 본성을 이해할 수 없다. 하나님을 사랑하는 일과 하나님을 믿는 일은 같은 일, 하나의 일이 되어야 한다. 만일 우리들이 하나님을 사랑한다고 하면서 하나님의 창조의 일, 특히 인간을 사랑할 수 없다면 그 사랑은 자기모순을 안고 있다. 이미 말했듯이 만일 종교가 개인의 구원에만 관여하고 사회에 침투하지 않는다면 개인의 의식을 높이는 일에 그치고 만다. 이리하여 하나님의 의식을 사회 속에 펼치기는 어려울 것이다. 사회적 활동은 피상적으로 생각하고 사랑의 행위에 바탕 둔 운동을 경시하는 사람들이 있다. 앞서 말했듯이 이런 양면성은 십자가의 속죄애로 완전히 조화를 이룬다. 우리는 신앙을 정적으로가 아니라 동적인 행동으로 생각해야 한다. 그것이 인간의 통로로 흘러나오는 초인적 힘이 사랑의 형태로 나타나는 신앙이다. 우리들은 창조, 보존 그리고 사랑에 의한 속죄로 우리들이 하나님께 연결된 것을 믿는다. 그렇지 않으면 인간에 대한 하나님의 음성을 들을 수도 없고 우리들의 신앙은 인간에서 하나님으로 일방통행이 되고 만다. 하나님의 음성은 사랑을 통해서 메아리친다. 하나님은 사랑이라는 신앙과 지식은 사랑의 행위로밖에는 알 수가 없다.

사랑을 통해서가 아니라 계시만으로 하나님께 들으려는 사람은 절대적 존재와 상대(하나님과 인간) 사이의 심연을 깊게 하는데 성공할 뿐이다. 사랑만이 우리들 가운데서 이 둘을 화해시킬 수 있다. 사랑만이 가치의 7요소를 통합한다. 사랑에서만 절대적 존재가 상대적 존재에 말을 하신다. 사랑을 통해서 하나님은 인간을 그의 아들로 껴안으신다. 우리가 그리스도를 하나님의 말씀이라 말할 때 그것은 그리스도가 불완전한 인간의 삶에 절대적인 속죄애의 의식을 전해주시는 것을 의미한다. 그리스도가 인간의 불완전한 삶에 하나님의 완전한 속죄애, 생명의 인식을 주시는 것이다. 그러므로 하나님 사랑의 중개자인 사람은 하나님 말씀의 중개자가 된다. 실제로 인간의 의식에 하나님의 말씀을 전할 수 있는 것은 속죄의 사랑밖에 없다. 그저 단순히 하나님을 믿는 것만으로는 불충분하다. 우리들은 하나님께 듣고 하나님의 말씀을 다른 사람에게 전해야 한다. 우리가 두려워하고 주저하면서 하나님 아들의 권리를 영원히 거부한다면 우리 종교는 참으로 한탄스럽게 된다.

  불행하게도 가톨릭교회는 하나님의 사랑은 공덕을 쌓음으로써 실현할 수 있다고 우리들에게 가르친다. 이것은 하나님 사랑에 대한 오해고 하나님의 사랑을 인간의 사랑으로부터 고립시킬 뿐이다. 개신교는 오로지 하나님에 의한 죄의 용서를 믿음으로써 인간의 작은 노력이 하나님의 위대한 힘으로 모두를 포용하는 하나님의 사랑과 결합될 수 있음을 잊어버리고 있다. 즉 개신교는 신앙을 강조하면서 하나님의 절대적인 힘을 제한한다. 한편 가톨릭은 사랑을 강조하면서 하나님의 사랑을 제한한다. 이런 실패에도 불구하고 하나님의 사랑은 인류를 완전히 구원하신다는 것을 우리들은 믿어야 한다. 우리들은 또 하나님의 사랑은 사회에서 속죄애라야 함을 인식해야 한다. 또한 우리는 하나님으로부터 오는 말씀에 날마다 귀를 기울여야 한다.

4
바울의 경제 가치 관념

 그리스도는 하나님을 제일로 여기지만 그렇다고 경제를 무시하지는 않았다. 만일 하늘에 보물을 쌓으려면 살고 있는 이 땅에서 자기 보물을 가난한 사람들과 나누고, 구하는 사람들에게 주고, 빌리러 오는 사람을 거부해서는 안 된다고 그는 가르쳤다. 우리들은 사람들이 해주기를 바라는 것을 사람들에게 해야 한다. 이렇게 하여 우리 경제생활을 하나님 중심으로 바꿔가야 한다. 사도언행록 2장 및 4장에 적혀 있는 것처럼, 이 아름다운 가르침은 그리스도가 죽은 뒤, 종교적 공산주의 생활에서 실천에 옮겨졌다. 바울의 13서신을 보면 초기 교회가 애타적인 노동경제를 실천하였음을 잘 알 수 있다. 그 가운데 10서신이 일하는 중요성을 가르친다. 바울 자신이 노동자로 일하였고 번 돈으로 자부심을 갖고 자기 자신과 제자들의 생활을 뒷받침했다. 바울은 이렇게 말했다. '나는 이 손으로 나 자신의 생활을 위해서도 함께 일하는 사람들을 위해서도 일해 왔습니다.'라고. 또 '주 예수 자신이"받는 것보다 주는 사람이 행복하다'라고 하신 말씀이 생각나도록 나는 언제나 내 몸으로 본을 보였습니다.'(사도행전 20:34~35) 이 얼마나 훌륭한 말씀인가. 그는 이렇게도 말했다. '또 아무에게도 빵을 거저 얻어먹은 일이 없었습니다. 그뿐 아니라 누구에게나 부담을 주지 않으려고 밤낮 힘들여 일해 왔습니다. 도움을 받을 권리가 내게 없기 때문이 아니라, 당신들도 나를 본받도록 몸으로 본을 보인 것입니다. 사실 여러분과 함께 지낼 때 우리들은 '일하지 않는 사람은 먹지도 말라고 명령하였습니다.'(데살로니가후서

3:8~10)

종교적 공산주의 생활은 이런 원리를 기초로 하면 쉽게 이뤄질 수 있다. 사도행전 11장 28절에 기록된 기아 구제로 비롯된 바울의 놀라운 국제적 사회복지 활동이 어떻게 이 정신에서 발전된 것인지 우리들은 이해할 수 있다. 바울은 예루살렘에서 체포될 때까지 가난한 사람을 위하여 구제활동을 하였던 것이다.(고린도후서 8:9, 로마서 15:25~26, 사도행전 24:17)

바울은 그의 종교생활에서 이런 구제활동과 경제행위는 뗄 수 없는 것으로 생각했다.(고린도후서 9:13~14) 그러므로 바울은 부자들에게 가난한 사람과 축복을 함께 나누도록 열심히 요청하였던 것이다. 바울은 이 속죄애의 유산을 온전히 계승하려면 가난한 사람을 돕고, 종교적 협동생활을 실천하는 것이 지상명령이라 생각하였다.(디모데전서 6:17~19) 이 사상은 예수의 형제 야곱이나 베드로, 요한의 사상에도 들어있다.

신앙을 강조하는 많은 사람들이 사랑의 실천을 구원의 기본적 요인으로 생각하지 않는 것은 한탄스럽다. 바울도 로마신도에게 보낸 편지의 끄트머리에서 사회적 봉사의 필요성을 역설하고 있으며, 종교생활과 사회생활 사이에 아무 모순도 느끼지 않고 있다. 신앙이 우리들의 사유 속에 있는 어떤 추상적인 것이라면 우리들은 양자간에 모순을 느낄지 모른다. 그러나 하나님의 구원은 개인의 영혼만을 위해서가 아니라 사회 전체를 위해서도 있다. 하나님의 사랑의 힘으로 구원된 사람은 이제 다른 사람을 구할 노력을 해야 한다고 나는 생각한다. 그 노력 자체가 그들의 종교생활의 실체가 될 것이다.

나는 신앙을 교리의 문제로 생각하지 않는다. 종교생활은 하나님의 사랑에 바탕을 둔 삶 전체라고 나는 믿는다. 그러므로 그 사랑을 통하여 구원되고 그 사랑에 의존하는 영혼이 어떻게 희생을 아끼지 않고 이 땅에서 그리스도의 속죄애를 실천하려 하지 않는가. 나는 이해할 수 없다. 신앙을 단지 이론적인 것으로 알고, 삶 전체의 문제로 삼지 않는 신학자가 많다는 것은 참으로 유감스럽다. 하나님께 신앙을 고백하면서도 자기 구원에만 만족하는 사람은 자기생활에 하나님의 사랑을 비추지 않으면 아직 하나님의 사랑에 젖어있다고 생각할 수 없다. 햇볕을 받으면서 그것을 통과시키지 않는 유리창은 도대체 어떤 것일까?

하나님의 사랑으로 구원받고 사랑으로 다른 사람을 구해야 할 그리스도인이 자기 자신의 힘만 의지하고, 하나님의 사랑이 그의 영혼을 통하여 작용하게 하지 않는다. 바울의 사랑 행위는 그 자신이 가끔 말했듯이 그가 속죄애에 도달하였기 때문에 가능하였던 것이다. 그러나 슬프다! 세계에는 빛을 통하지 않는 흐릿한 유리창이 너무나 많구나!

속죄애와 경제혁명

그리스도 하나님은 우주 전체를 껴안는 커다란 사랑. 세계에서 가장 작은 사람들을 놓치지 않는 속죄의 사랑이었다. 이 땅에서 사람의 아들로 보낸 예수의 삶은 성령의 인도로 자유롭게 주시는 사랑의 삶이었다. 믿음이나 교리에 얽매였던 바리새인들의 광신적인 신앙과 얼마나 달랐던가! 그러나 중세의 혼탁이나 근대 자본주의 체제의 침입은 그리스도 교회의 사랑을 고갈시키고 교리에 엉겨 붙는 신앙만을 남겼다. 만일 오늘날 우리들이 생활을 통해 그리스도의 속죄애를 실현한다면 러시아 공산주의 생활보다 훨씬 우수한 생활을 할 수 있을 것이다. 그러나 만일 우리들의 교리적인 하나님 사랑이 단지 신학에만 머무르고, 우리들이 그것을 인간의 의식 생활에 구체화시킬 노력을 하지 않으면 그리스도교는 자본주의나 군국주의와의 싸움에 도전할 수 없는, 그저 봉인된 종교로서 목숨만 붙어있을 뿐이리라.

자 본				
외 국 환				
신 용				
-목적 -질서 -선택 -성장 -교환 -노동 -생명	주식	공채	환어음	보험	물물교환

생산자 — 창고 / 전당포 / 보관 / 개인융자 / 은행 / 신용조합 / 보험 / 공제조합 — 소비자

로마제국이 멸망한 뒤 야만족들은 유럽에서 기독교적인 경제생활을 파괴하고, 사적 소유권 이념에 바탕 둔 로마법을 부활시켰다. 로마법의 원리는 세계를 구하려 했던 속죄애의 의식생활을 무너뜨리면서 기계적 자본주의 지배로 이어졌다. 오늘날 많은 교회는 그 속죄애를 순전히 교리로만 유지하여 편하게 지내려고 한다. 이 사실을 생각하면 우울한 마음이 든다. 그리스도 교회에 계승된 신조와 교리는 모두 속죄애의 자각적 생활을 설명하기 위한 것이라고 나는 생각한다. 삼위일체론, 그리스도의 신성, 하나님의 선택, 원죄, 기적 등 이 모든 교리는 모두 인간의 비참함을 구하려는 하나님의 무한한 사랑을 가르치기 위한 정식에 불과하다. 삼위일체 교리는 어떻게 절대적 하나님의 사랑이 유한한 존재를 초월하고, 또한 거기 침투하여 그 속에서 자기를 표현하는가 가르치고 있다.(에베소 4:6) 그리스도의 속죄애가 하나님의 본성과 결합되어 있다는 신앙은 그리스도 신성의 교리를 낳았다. 모든 것이 가능함을 믿기 위하여 기적의 교리가 존재하게 되고, 하나님의 사랑이 유한한 세계 속에 역사적으로 실현되었던 것이다. 바꾸어 말하면, 모든 것이 하나님의 사랑을 설명하기 위하여 쓰였다고 우리가 믿게 되었던 것이다.

많은 그리스도 교회는 사랑의 높이와 깊이, 넓이에 대한 신앙을 고백하지만, 인간의 의식에 스며들어 사랑의 운동을 발전시키는 데는 주저하고 있다. 이런 주저는 주로 개신교 교회 역사와, 그와 관계를 갖는 자본주의 사회에 기인하고 있음을 잊어서는 안 된다. 오늘날 유감스럽게도 교회 조직의 대부분은 부당 이득 사회의 특권계급에 의존하고 있다. 야만인과 같은 종족의 이기적인 부당 이득자가 교회를 지배할 때 교회는 신약성서에서 가르치는 그리스도의 생활의식을 받아들일 수 없게 된다. 이것이 바로 그리스도 교회의 존재가 왜 취약하며 현대 세계의 소란 가운데 왜 교회가 무력한지 우리들에게 밝혀주고 있다.

제3장

Brotherhood Economics
유물론적 경제관의 잘못

1
유물론적 경제관의 무력함

 새로운 사회를 만드는 길이 있을까? 있다고 나는 생각한다. 그러나 그것은 아담 스미스의 오래된 경제학의 길이 아니고, 칼 마르크스-레닌의 변증법에 의거한 유물론적 경제학도 아니다. 우리들은 또 그것을 경제윤리를 인식하려고 하지 않는, 그저 교리뿐인 그리스도 교회로도 불가능하다고 말하지 않을 수 없다. 그러면 어디서 어떻게 해결을 볼 수 있을 것인가. 인간의 각성된 종교의식에 뿌리박은 새로운 종교적 경제관 속에서만 발견될 수 있다고 나는 확신한다.
 아담 스미스가 말한 종교와 경제의 분리는 한때 성공하는 것처럼 보였다. 그러나 그것은 인간의 사회의식이, 경제학을 종교의식과 분리하여 가능하게 보인 일시적 현상에 불과하였다. 생물 세포는 따로따로 성장하지만 마지막에는 하나의 몸으로 활동할 수밖에 없듯이, 19세기 사회에서도 마찬가지 일이 일어났다. 종교와 경제를 완전히 나눠, 생활의 다른 두 국면으로 보았을 때 서로 아무 관계가 없는 것으로 다루기는 어렵지 않았다. 그러나 세포의 경우에 진리인 것은 사회에 있어서도 진리이다. 종교와 경제의 두 영역은 한데 겹치고, 한 몸이 되어 활동하지 않으면 안 된다. 그렇지 않으면 우리들이 20세기에 충분히 보아왔듯이 둘 사이의 적대가 해로운 것이 될 것이다.
 과거의 잘못은 어디에 있었던가? 그것은 경제가 인간의 의식에서 독립하는 것으로 상정하여 경제학을 단지 과학으로 다룬 데 있었다. 아담 스미스는 경제가 인간의 제어보다도 자연의 제어에 따른다고 생각하여 너무나도 자연주의에 기울었기 때문에, 특히 인간의 천박한 개입을 두려워하였던 것이다.

마르크스의 방법론은 기묘하게도 아담 스미스의 그것과 닮아 있다. 마르크스는 경제학은 자연과학으로 다룰 수 있다고 생각하여, 모두 유물론적 결정론으로 분석할 수 있다는 특수한 방법론을 옹호하였다. 19세기부터 20세기 초에, 이 이론에 대한 기본적 반대를 아무것도 제시하지 않았던 세계 그리스도 교회의 태만을 우리가 탄식하는 것은 이것과 관련되어 있다. 그러나 이것은 우리를 놀라게 하지 않는다. 왜냐하면 이 시기 경제학자와 마찬가지로, 신학자도 경제학은 자연과학의 영역에 들어가야 한다고 생각했기 때문이다.

칼 마르크스의 유물역사관은 새로운 시대의 경제생활을 설명하지 못한다. 경제 행위는 인간 의식의 발전 수준과 함께 변화한다고 나는 믿는다.

인간 사회에서는 물질 생산 방법이 문명의 문화 상황을 결정한다고 마르크스는 주장한다. 그러나 한 나라의 문화는 그리 간단히 설명할 수 없을 것이다. 우선 먹을거리, 옷, 집 등 일상 필수품의 생산에 대하여 생각해보자. 가장 중요한 생산물은 먹을거리다. 먹을거리 생산에서 혁명적 진보는 식물이나 동물의 세계가 기상학 연구나 흙, 비료, 세균 등 각종 과학의 지배 아래 둠으로써 이루어졌다. 이것은 인간 의식 발달에 의한 것이지, 유물론적 결정론 때문은 아니다. 예를 들면, 재세례파 사람들은 과거 400년 동안, 자기들끼리 그리스도교적 공산주의를 실천해왔지만 그들은 그런 공산주의 원리를 적용하면서 그들의 생산물이 수작업의 결과인가 기계작업의 결과인가에 대하여 전혀 좌우되지 않았다. 이것은 러시아에서 쫓겨나 브라질의 상파울로에 정착한 재세례파의 생활의 연구로도 확인할 수 있다. 칼 마르크스처럼 단순한 물질생산 양식만으로 문화적 사회를 정의하려고 하는 것은 커다란 잘못이다.

2

사회의식의 각성

옷감을 베틀로 짜던 시대에서 큰 방직공장의 자동기계로 짜는 현대에 이르기까지, 자본주의 여러 나라에서 사적 소유권 개념이 미친 커다란 영향을 생각해보자. 사적 소유권의 힘을 알지 못했다면 기계 문명은 자본주의 경영을 창출할 수 없었을 것이고, 수공업 시대에서 기계공업 시대에 이르는 인간 의식의 변화도 없었을 것이다. 더욱이 자본주의의 무서운 죄악을 낳는 기회도 없었을 것이다. 그러므로 물질 생산의 형태가 반드시 인간의 의식을 결정하는 것이 아니라고 우리들은 판단한다. 오히려 반대로 인간의 정신적인 각성이 발명이나 발견을 통하여 사적 소유권이나 유산 상속, 계약권 등의 관념에 혁명적 변화를 일으킨다.

프로테스탄트는 이 개인 의식을 가장 신성한 것으로 여겨, 길드 사회의 발전에 반대하였고 그 결과 유감스럽게도 자본주의 문화 발전의 길을 열었다. 개신교가 옛 길드 사회의 반대나 개인성의 강조와 함께 새로운 상호부조 협동조합 조직화의 중요성을 가르쳤다면, 16세기 이후 발달해 온 자본주의 문명이 오늘날과 같은 비극적 결과를 초래하지는 않았을 것이다. 16세기의 계약이나 상속 개념의 기본 원리는 대규모 대량생산으로 초래된 혼돈 속에 사라지고, 새로운 임금 노동계급을 창출하게 되었다. 그 결과 생긴, 이런 상태에 관한 사회정의 감각의 상실은 기독교 신학자들이 예상하던 수준을 훨씬 넘어서버렸다. 후기 칼뱅주의 신학자들은 신학적 사유를 개인적 의식의 중요성에만 집중하여 사회의식을 각성시킬 기회를 잃었다. 그 결과 경제학과 신학은 분리되고 영적생활과 경제생활을 분리하여 생각하는 잘못을 범하였다.

그러나 자본주의 지배 아래 짓밟혔던 프롤레타리아트의 부르짖음에서 자각적인 사회의식이 태어났다. 그래서 노동조직이나 사회주의가 일어났다. 이런 운동은 인간을 기계주의와 물질주의 생산의 전횡에서 해방시키려 하는, 완전히 의식적인 시도였다. 그들은 먼저 계급의식의 이념을 옹호하고 생산계급이야말로 사회의 중심이라는 사실을 사회에 자각시키려 하였다. 노동운동이나 사회주의에서도 실로 많은 변화가 일어났다. 그러나 그 결과 사람들은 사회경제 그 자체를 사회화하는 일 없이는 완전한 해방이 있을 수 없음을 이해하기 시작하였다. 이리하여 필연적으로 모든 종류의 사회입법이 점차 도입되었다. 이것은 생산계급만 아니라 소비자들에게도 형성된 여러 협동조직의 발달 가운데, 또 사회경제 합리화의 시도 가운데도 볼 수 있다. 이런 협동조합 운동조차 사회적 의식의 자각으로만 진보한다.

경제활동의 전개

의식경제

| 주의 | 결합 | 기억 | 판정 | 추측 |
| 광고 | 법령 | 기록 | 법정 | 주식 |

학습 지식 미 선 성
학교 과학 미술 윤리관 교회

감각경제
미각 후각 시각 성
청각 촉각 운동

생리경제
의식주

7. 목적
6. 법질서
5. 선택
4. 성장   창조적
3. 변환   보존적
            수복적
2. 노동
1. 생명

7. 소비자
6. 공익
5. 호조
4. 신용
3. 판매
2. 생산자
1. 보험

56 우애의 경제학

의식과 건축의 관계는 존 러스킨의 유명한 책《베니스의 돌》가운데 자세히 나와 있다. 인간은 새의 둥지만한 단순한 집을 지을 때에도 일정한 심리적 기술을 쓰고 있다. 하물며 정신적 동기로 무엇인가 시작할 경우 어떤 시대에도 자각적인 의식이 물질적인 것에 얼마나 강력히 작용하는지 우리들은 쉽게 볼 수 있다. 고전적 의식을 갖던 시대의 건축양식은 고전적으로 되었다. 낭만파가 지배하였던 시대의 건축양식은 자연주의적이었다. 이것으로 봐도 신체적 요구를 위한 물건과 재화는 인간 의식의 각성과 기본적 관계를 갖는다는 진리를, 우리들은 무시할 수 없다.

원시 공산주의는 최초에 사람들이 싸움이나 자기 방어를 위해 공동체로 모이고 단결하면서 생겼다. 그러나 이 단계에서도 어떤 심리적 의식의 각성이 있었다. 인간 발달의 초기 국면에서는, 외적인 조건에서 인간 욕구가 자연스럽게 억제되고, 사람들의 욕구도 주로 생존을 위한 싸움의 영역에 머물렀다. 이것은 작은 시골마을에 전형적으로 나타난다. 마을 경제는 집을 짓기 위한 나무, 옷을 만드는 양털이나 솜, 먹을거리를 위한 보리, 이런 단순한 생활필수품에 관련된 것이었다. 또 혈연관계의 거룩한 의식도 있다. 여기에 16세기에 나타난 자유스럽고, 경쟁적인, 자본주의 문명으로 발전하는 사회의식 성장의 기점이 있다.

3

심리적 경제

 자각적인 사회의식은 생산과 소비라는 두 각도에서 발달해 왔다. 경제심리의 움직임은 이전에는 생각도 할 수 없었던 선물매점 조작을 고안해냈다. 그러나 선물매점이 시작되면서 경제는 더욱 심리적으로 되었다. 즉 주식 거래, 상품 거래, 어음 교환 등 이들은 모두 아직 존재하지 않는 물건을 취급하는 것이다. 화폐의 유통은 인간의 신용의식에 의존하고 있다. 신용은 한 나라의 사회적 힘, 즉 한 나라의 사회자본이 되어 즉시 외국 환율에 영향을 미친다.

 오늘의 사회경제학에서는 한 나라의 부를 그 나라의 자연자원으로 측정할 수 없다고 주장한다. 왜냐하면 한 나라가 과잉 상품을 갖는다는 것은 과잉 생산을 의미할 지도 모르고, 과잉 생산은 불황이나 공황의 원인이 될 수도 있기 때문이다. 반대로 오늘날 경제의 가장 중요한 문제는 어떻게 더 많은 것을 소유할 것인가가 아니라, 어떻게 물질적 에너지를 심리적 에너지로 전환하는가에 있다. 즉 유물론적 역사관의 개념은 종전의 사회를 설명하는데 도움이 되었을지 모르지만 시간을 포함하는 심리적 경제를 다루는 사회경제적 사회현상을 설명하는 데는 도움이 되지 않는다.

 오늘의 경제사회는 본능적 경제에서 합리적 경제로, 전통적 경제에서 발명적 경제로, 자유방임 경제에서 계획경제로 서서히 이동하고 있다. 이리하여 유물론적 관점은 심리적 관점으로 자리를 물려주게 되어 있다.

1848년 공산당선언에서 마르크스는 어떤 시대의 문화나 물질의 생산방식으로 결정된다고 말하고 있다. 그는 이 생산방식이 인간의 심리적 발전에 영향을 받는다는 것을 완전히 무시하였다. 오늘날 물질의 생산방식은 인간의 자각된 의식 수준의 차이에 따라 달라진다는 것이 명백해졌다.

  예를 들면, 호주의 드라비다 사람들은 인간 생활에 가장 흔한 도구나 기구를 만드는 기술을 모두 잃어버렸다. 그들이 옷감을 짜는 기술이나 집을 짓는 기술을 모르는 것도 그들 심리에 원인이 있다. 그들이 사람 고기를 먹으면 초인적인 힘이 주어진다는 미신을 믿게 되었다. 그래서 그들은 사람 고기를 먹기 시작하였다. 식인은 다른 부족 사이에 공포와 의심을 불러일으켜 이들 부족을 서로 분열시켰다. 이런 상황은 드디어 다른 방언을 낳고 문화의 퇴보를 가져오게 되었지만 이 과정은 기본적으로 물질적이기보다 심리적 과정이다.

  연대성이 결여된 민족은 주식회사를 만들 수 없다. 마찬가지로 아직 상호부조 의식이 발달하지 않은 사회에서는 시간을 포함하는 교환의 전부, 심리적 구성이 필요한 부동산 시장이나 주식시장은 불가능하게 된다.

ically a는 사실은 오늘날 정통파 경제학자뿐만
4

신체, 감각, 의식의 경제

경제적 결핍이 심리적이라는 사실은 오늘날 정통파 경제학자뿐만 아니라 마르크스학파도 인정하고 있다. 그러나 그들은 경제를 넘어 심리적 지맥을 충분히 깨닫지 못하고 있다. 불황, 실업, 그리고 전쟁에 직면하여 현재의 경제이론이 약한 이유도 여기에 있다.

인간의 욕구는 생활의 본질적이고 기본적 요구(의식주)에서 내가 감각경제라 부르는 것으로 진행한다. 듣고, 보고, 냄새를 맡고, 맛보고, 접촉하는 감각의 경제는 스포츠, 성, 냉온의 조절, 고통의 완화 등에 관한 경제로 발전한다. 예를 들면 각종 안경, 카메라, 사진, 영화, 모든 종류의 염색은 보는 감각경제의 요구를 채우기 위하여 만들어진다. 마찬가지로 라디오, 축음기, 피아노, 오르간, 기타 악기는 듣는 감각 경제를 만족시킨다. 모든 종류의 향수나 담배나 향은 후각 경제를 낳는다. 마찬가지로 미각으로 생기는 경제를 말할 수 있다. 모든 종류의 조미료, 와인, 약, 기타 미각 자극물은 근대 요리에서는 필수품이다. 일본에서 술 마시는데 쓰는 돈은 육해군 연간 예산 전체보다 50퍼센트나 많다. 사람들은 거기 신경을 안 쓸지 모르지만 촉각도 경제와 중요한 관계가 있다. 우리들이 면보다 비단의 감촉을, 거친 베보다 양질의 양털을 좋아하는 사실은 촉각 경제에 들어간다. 그리고 인간의 성적 요구는 우리들의 근대도시 문화의 자극이나 상업주의로 비정상적으로 과장되었다. 오늘날 방탕에 쓰이는 막대한 돈은 상상을 초월한다. 일본에서 공인 매매춘과 사적 매매춘에 쓰이는 금액은 연간 10억 엔을 넘는 것으로 추정된다. 쌀의 연간 소비는 15억 엔으로 그 금액의 1.5배에 지나지 않는다. 위에서 말했듯이 '신체 경제'는 '감각 경제'로 발전한다. 앞서 말한 '감각 경제'는 내가 '의식 경제'라 부르는 것으로 발전한다. 바꿔 말하면 인간의 관심은 감각적 만족의 수준에서 지적 수준으로 나아간다.

추억을 중시하는 감정을 채우기 위하여, 우리는 모든 종류의 기념비나 기념품을 만든다. 재판(법정)을 위하여 변호사나 대리인 또는 재판관 같은 법조계의 직업을 만든다. 상거래가 시간의 요소에 따라 복잡하게 되자 미래를 예견하려는 소원이 강하게 되고, 주식거래에서 대박을 터뜨리기를 바라는 사람들을 불러 모으게 된다. 학습을 위하여 학교가 필요하므로 우리들은 학습시설을 위하여 참으로 막대한 돈을 쓰게 된다.

아름다움의 의식을 발전시키기 위하여 많은 예술작품이 창조되었다. 화가, 음악가, 조각가, 시인들이 사회에 나왔다. 더욱이 지적욕구를 채우기 위하여 신문과 잡지를 만들게 되고, 그것을 내려고 편집사나 작가가 나왔다. 갖가지 과학 연구소가 생겨 거기에 종사하는 사람들에게 지불되는 보수가 거액에 이른다.

의욕적 힘을 키우기 위하여 여러 문화단체나 문화조직이 태어나고, 그곳에서 문화에 관련된 많은 책이 출판되어 판매된다. 형이상학적 학문이나 물류관리 등 여러 과학의 발달은 새로운 직업을 낳고 있다. 영국에는 심령관계 단체가 500개 이상이나 있다고 한다.

거룩한 생활을 가르치기 위하여 종교단체가 늘어나, 미국에서만 건물 유지를 위하여 약 70억 달러를 쏟아 붓고 있다. 종교의 이름으로 세계에서 얼마나 많은 돈이 사용되고 있는가. 그 총액은 아무도 계산할 수 없다. 종교계의 선생들이 이 모든 것에 전념하여 하나님에 대한 의식을 각성시키려 하고 있다.

이와 같이 고도로 발전한 의식을 다루는 경제는 생활의 기본적 요구(의식주)에 한정되었던 예전의 개념과는 완전히 다르게 되었다. 그러므로 인간의 능력이 발달하면 할수록 경제에 대한 높은 요구가 늘어나는 것이다.

유물론적 역사관은 심리적 구조에 바탕 둔 업무상, 직업상 갈등에서는 별 소용이 없다. 오늘날 서양 여러 나라에서 볼 수 있는 몇 백만 명의 실업자들에 대해 유물론적으로 설명할 수 있을지 모르지만, 누구나 인정하듯이 유물론으로는 현대 사회 재건의 문제는 해결될 수 없다. 교육의 진보와 직접 비례하여 직업상 갈등의 최전선은 대부분 심리적으로 분규하고 있고, 사회의 건설은 유물론적 관점보다 오히려 유신론적 경제사관의 형태를 띤다. 그러므로 나는 다음과 같은 공식이 가능하다고 본다. 어떤 시대의 문화는 물질적 생산과 분배, 소비 형태를 발전시키고 제어하는 그 시대 사람들 의식 생활의 각성도에 따라 결정된다고.

5

자본과 노동(48쪽 그림 참조)

 토지자본 노동문제에도 같은 원리가 적용된다. 토지를 넷으로 구분해보자. 자연적, 산업적, 사회적, 심리적 토지이다.
 자연의 토지 그대로는 우리 생활에 아무 가치가 없다. 그러나 인류의 천부적 재능으로 토양, 비료, 세균, 기상 연구로 토지를 개량하면 산업적 가치를 갖게 된다. 또한 그 산업 용지가 거주지로 바뀌어 시가지가 되면 사회적 심리가 그 가치에 작용한다. 태어난 나라에 대한 생각은 매우 큰 심리적 의미를 가져 상거래를 초월하는 것이 있다.
 소유지나 토지권 이해가 은행의 알선으로 자본이 될 때도 마찬가지다. 이런 토지의 채권 가치는 인간의 의식 속에 깃든 가치로 결정되기 때문이다. 그러니까 일단 토지 그 자체의 가치가 사람의 의식 속에 끌어내려져 이루어진 투자는 이미 단순한 물질이 아니다. 그러므로 경제행위를 유물론적으로 생각하는 것은 명백히 잘못이다.
 자본 또한 마찬가지로 생각할 수 있다. 자본을 재화나 화폐로 생각하는 것은 진정한 통찰이 아니다. 화폐는 요컨대 인간의 사회적 능력을 측정하는 잣대에 지나지 않는다. 진정한 자본은 생명, 노동(동력), 변경(교환력), 성장, 선택(효율), 법, 목적 등 이런 힘의 필수요소를 갖는 사회적 능력 그 자체다. 아무리 많은 화폐를 가지고 있더라도 생명이 위기에 처한다면, 동력이 멈춘다면, 교환을 할 수 없다면, 성장이 멈춘다면, 효율이 떨어지면, 법이나 질서가 무시되면 그리고 문화나 목적이나 방향을 잃어버리면 더 이상 가치가 없다. 따라서 만일 이러한 7요소가 사회의식으로 완전히 동화하고 사회적 효율이 자라게 되면, 은이나 금의 뒷받침이 없어도 만족할만한 화폐제도가 만들어질 수도 있으리라. 그 형태가 어떠하든 화폐는 상징 이상이 아니다.

그러므로 경제 행위는 인간의 의식이 충분히 발달했을 때만 완전한 것이 될 수 있다. 물론 나는 유물론을 부정해야만 경제가 가능해진다고 주장하는 것은 아니다. 내가 말하고 싶은 것은 사물은 인간의 정신적 반응을 받을 때에만 경제적으로 유용하게 된다는 것이다.

석탄 한 덩이의 가치는 그것을 동력으로 땔 것인가, 염료를 생산하는 데 쓸 것인가, 약을 만들 것인가에 따라 바뀐다. 이와 같이 가치의 변화는 석탄 그 자체가 아니라 인간의 의식에 의한다. 따라서 물적 자본의 참 가치는, 개인의식이나 사회의식의 관계에서 볼 때 비로소 보이는 것이다.

노동도 정신적 의미를 갖는 것이 명백하다. 육체노동이 육체의 필연으로 조정되는 것은 부정하기 어렵다. 그것을 인정하면서도 강제된 노동과 자유의지에 바탕 둔 노동 사이에는 커다란 차이가 있다는 것을 우리들은 인정하지 않을 수 없다. 효율이 감정이나 흥분으로, 나아가 기술적 기능에 따라 변한다는 것은 아무도 부정할 수 없다.

6

원시문화의 정신적 기초

예를 들면 솔로몬제도에서 방언의 발달 등 남태평양 원시부족 사회를 연구하면서, 어느 민족의 문화도 분쟁 또는 전쟁으로 결정적으로 방해한 것을 쉽게 알 수 있다. 거꾸로 여러 민족이나 부족이 하나가 되어 공통 언어가 발달한 곳에서는 문화가 빨리 진보한다. 이것은 고대 희랍문화 발흥의 연구로 확인할 수 있다.

고대인의 문화와 근대 기계생산 문화 사이의 이행기는, 봉건적인 문화였다. 이 기간에는 끊임없이 싸움이 진행되었다. 중세는 기본적으로 봉건적이었지만, 그 문화는 기독교적이었다. 북이탈리아의 작은 도시에서 이른바 길드 국가의 기초가 되었던 길드를 조직한 것이 기독교 형제애의 관계였다는 것을 우리들은 알고 있다.

7

유심적 관점에서 본 기계문명사

칼 마르크스의 유물사관은 기계문명 때문에 출현하였다. 마르크스는 기계론적 측면만 생각하여 기계 그 자체를 인간이 발명했다는 것을 잊고 있다. 기계의 발명은 19세기부터 현대까지 꾸준히 진보해 왔다. 증기엔진의 큰 발전이 마르크스 시대에 일어났기 때문에 큰 공장이 주로 일정한 물질적 법칙으로 발달했다고 그는 생각하였다.

그러나 사실은 여러 가지 발명이 잇따르고 작은 발동기나 각 마을에 작은 공장이 나타났기 때문에, 칼 마르크스의 유물론적 결정론 대신 심리적 결정론이 사회경제관을 지배하기 시작하였던 것이다. 만일 사회가 증기기관의 초보적 발명으로 조정되었다면, 마르크스의 추론은 가장 진리에 가까웠을 것이다. 그러나 발달과 함께 커다란 지적 진보가 생겼으나, 이 진보에 걸맞는 기독교적 우애의 실천이 뒤따르지 않았던 것이다. 여기서 우리들은 하나의 분열 사회를 보게 된다. 정신적 운동과 경제적 운동을 함께 가져오는 사회 조건이 결여된 사회. 그 결과 여러 가지 노동운동이 더욱 심리적으로 되었다. 생산, 분배, 소비, 소유권, 상속, 계약 이런 문제가 모든 사회심리학 발달에 영향을 받게 된다.

그러므로 위의 고찰은 마르크스의 유물사관으로 기계시대를 해석할 수 없게 한다. 디젤 엔진이나 전동 모터의 발달은 발명 그 자체가 인간의 정신적 기능과 보조를 맞추어 나아간다는 또 하나의 증명이다. 다름 아닌 이 점에서 나는 마르크스의 유물사관에 근본적 수정을 가할 필요가 있다고 느낀다. 사회적 에너지의 상징인 화폐의 힘은 확실히 물질적인 것으로 봐도 좋다. 인간의 탐욕으로 알려진 심리적 요인을 고려하지 않으면 안 된다. 대부분 사람들은 그들이 획득하려 애쓰는 진정한 이상을 잊기 쉽다. 이런 점에서 유물론은 그 자체가 심리학적 유물론이다. 즉, 마르크스 유물론의 핵심은 유신론적인 경제사관으로 설명할 수 있다.

교환가치는 사회의 여러 힘 가운데에서도 가장 중요한 것으로 평가된다. 그러므로 사회적 가치가 모두 교환가치의 기준으로 결정된다. 경제 그 자체의 참 목적은 잊어버리고, 수단이 목적으로 바뀌고 있다. 유물론적인 맘몬주의(금전 숭배)가 사회적 가치의 중심이 되었다. 이것을 마르크스는 유물론이라고 불렀다. 그러나 과학으로 분석하면 모두를 이 범주에 넣는 것은 커다란 잘못이다.

사람은 경제 행위의 실제에서 심리적 함축을 벗어날 수 없다. 결국 금전 숭배는 탐욕스러운 자기중심적 현실주의다. 그것은 영혼과 절대적인 것에 목표를 두고 사랑과 향상을 지향하는 정신생활과 멀리 떨어져 있다. 그러므로 예수는 '하나님과 재물을 함께 섬길 수 없다'(누가 16:13)고 말씀하셨던 것이다. 이 두 가지 생활태도에서 다른 점은, 인간의 정신적 태도를 가리키는 것만이 아니다. 그러니까 자본주의를 순수하게 유물론으로 생각하는 것은 커다란 잘못이다. 거기에 깔려있는 심리적 측면이 훨씬 중요하다. 자본주의 제도는 결국 자기중심적 착취 체제에 지나지 않는다. 심리의 영향을 받지 않는 참 유물론적인 운동이 설령 가능하다면 이기심이라든가 착취는 없을 것이다. 공산주의 운동도 마찬가지다. 정신적인 기초가 없으면 애타적 공산주의적인 생활에서 어떻게 사랑을 가질 수 있을까? 그러므로 유물사관은 경제사상의 자본주의도 공산주의도 충분히 설명할 수 없다고 말할 수 있다.

8

종교적 가치와 경제적 가치의 결합

생명, 노동, 교환, 성장, 선택, 목적, 질서라는 일곱 유형의 가치는 인간 의식의 발달로 발전한다. 이 가치의 일곱 유형은 칼 마르크스의 유물변증법에 좌우되지 않는다는 사실을 잊어서는 안 된다. 왜냐하면 이 가치의 일곱 유형은 객관적 세계와 주관적 세계를 연결하는 일곱 통로를 닮았기 때문이다.

물질적 세계에서도 우리들은 생명, 노동, 교환, 성장, 선택, 목적, 질서의 법칙을 의심하지 않는다. 찰스 다윈의 진화 세계는 이들 가치의 일곱 법칙을 인정하고 있다. 그는 목적 세계의 항구성을 인정하지 않았지만, 자연의 일시적 목적은 인정하지 않을 수 없었다. 다윈조차 빛이 눈을 위하여 존재하고, 위는 먹을거리의 소화를 위하여 만들어졌다는 사실을 부정할 수 없었다. 그러므로 이들 가치의 일곱 유형은 객관적 세계와 주관적 세계 양자에 공통적이다. 절대적인 것의 세계에서조차 이런 가치의 일곱 유형을 무시하고 절대적인 것을 생각할 수는 없다. 그러므로 경제적인 가치는 주관 및 객관적 가치에서 분리되지 않는다. 오히려 그것은 인간 의식 활동 전체의 토대다. 의식경제를 거부하는 어떤 경제관도 충분치 않다. 이른바 물질적 경제 세계를 포함하지 않는 종교운동은 종교적 반신불수를 앓는 것으로 생각해야 할 것이다. 그 때문에 어떤 세계관에 바탕을 두어 주의(이즘)라 불리는 특징적 경제관이 나타나 뚜렷하게 종교의 입장에 접근한다. 예를 들면, 공산주의와 과학적 사회주의는 둘 다 종교적 개념에 관련된 세계관을 갖는다. 우리들은 마르크스의 유물론적 결정론이 잘못이라고 믿고 있지만, 갖가지 이즘(공산주의, 무정부주의, 파시즘, 과학적 사회주의)의 창시자나 찬동자는 각각 다른 방식으로 우주에 있는 어떤 종류의 종교적 가치 형태를 추구하고 있다는 것을 간과해서는 안 된다. 우리들이 이것을 이해한다면 그들이 유물론적인 것이 분명하다 해도 그들 가운데 종교의 어떤 면과 유사성을 찾을 수 있을 것이다. 그들은 유물론을 주장하지만 그들의 가치 판단은 심리학적 원리를 따르고 있는 것이다.

유물론적 경제학과 유심론적 경제학의 본질적인 차이는 한 쪽이 결정론적 우주관을 선택하고 다른 쪽이 가능성에 대한 신앙에 바탕 둔 목적론적 견해를 선택하는 데 있다.

이상을 요약하면 다음과 같다. 자본주의 초기에는 종교적 가치와 교환 가치는 완전히 분리된다고 생각하였다. 그러나 오늘처럼 인간 의식이 눈 뜬 시대에서는 교환 행위와 삶의 목적은 분리할 수 없다. 즉 의식경제에서는 교환 가치도 의식적으로 되고 종교적 가치에 동화한다. 그러므로 우리들의 다음 단계는 이른바 경제적 가치인 교환 가치를 종교적으로 바꾸어가는 데 있다.

우리가 최근 협동조합운동이 빠르게 성장하고 있는 것을 생각한다면 협력의 경제가 사회적 연대 의식에 바탕을 두고 있음을 알게 된다. 그리고 생산, 분배 및 소비, 협력의 여러 유형이 이 기본적인 사회 원리에서 자란다. 그러므로 협동조합 경제의 발전은 실제로 이 기계 문명을 한층 더 정신화하는 힘을 갖는 것이다.

제4장

Brotherhood Economics
변혁의 철학

dp # 1

폭력혁명

러시아 공산주의 혁명을 생각해보자. 개인의 여러 권리를 폐지, 종교 금지, 의회 해산, 시장 폐쇄 그리고 모두가 독재자의 지배 아래 놓여졌다. 나라를 뒤덮고 있던 경제적 병폐는 완전히 치유되었을까? 1789년 프랑스혁명에서 탄생한 정부는 고작 6개월 동안 명맥을 유지했다. 러시아는 혁명정책을 커다란 희생을 치러가면서 5년 동안 계속하였을 뿐이고, 그것을 위해서조차 새로운 경제정책을 채택하지 않으면 안 되었다.

우리는 폭력이 경제혁명을 수행하는 데 실패한 7가지 이유를 들 수 있다. 첫째, 많은 사람이 죽었다. 둘째, 폭동에서 생긴 공포감에서 시장 붕괴, 먹을거리 공급 단절, 능률 저하와 강제노동으로 도시의 기아, 일상필수품 결핍을 초래하는 생산 붕괴 등이 생겼다. 프랑스혁명에서는 약 300만 명이 굶어죽었고 러시아혁명에서는 약 1,800만 명이 굶주림에 직면하였다고 한다. 이것은 혁명으로 칼로 죽는 사람보다 더 많은 사람이 굶어죽는다는 것을 의미한다. 셋째, 거래의 정상 통로가 사라지고 배급제로 바뀌었기 때문에, 수급체제는 기능을 멈추고 소비와 생산 사이의 바른 관계가 왜곡되었다. 그리하여 기본적인 생활필수품(의식주)의 배급이 할당되어 특별비용 지출과 낭비가 늘어나게 되었다. 또한 이 체제는 개인의 육체적 요구나 심리적 요구의 차이를 무시하여, 어떤 물질의 생산 부문에는 재산이 남게 되어 낭비나 결핍감을 강화시켰다. 생산 거점에서 멀리 떨어진 지역은 일상필수품 결핍을 가장 강하게 느꼈다. 넷째, 모든 것이 독재이므로 개인 능력의 발휘나 발명의 재능은 상실되고, 잉여 노동으로 창출되는 부는 감소한다. 우크라이나의 농부들은 중앙정부의 몰수를 두려워하여 자기들 생활에 필요한 몫 이상의 수확은 하지 않고, 그 때문에 박해를 받아 100만 명 가까운 사람이 잇따르는 기근으로 굶어죽었다고 한다. 어떤 혁명에서도 이와 같은 비극이 되풀이되어 나타나고 있다. 폭력혁명은 생산을 늘리려는 모든 계획의 실패로 끝난다. 다섯째, 폭력혁명은 모든 사람으로부터 직업 선택의 자유를 뺏는다. 러시아에서는 노동이 필수 의무이므로 실업은 없다. 그러나 사람들은 자기 재능에 맞는 일을 선택할 자유를 완전히 잃었다. 여섯째, 자유가 없다. 소수의 의지가 존중되는 일은 없다. 모든 자유가 관료제도의 독재적 지배로 배제된다. 일곱째, 이들은 모든 이상주의적, 의식적 그리고 종교적 운동을 끝나게 하고 모두를 유물론적 결정론 지배 아래 둔다.

이리하여 폭력혁명은 한때 성공을 하는 듯이 보여도 그 성공은 결코 영속하지 않는다. 그 상태가 계속되면 사회의 빈곤이 깊어질 뿐이다. 따라서 그것은 정치적으로는 허용될지 모르지만, 경제 재건 목적에는 거의 소용이 없다. 폭력혁명에 대해 말할 수 있는 유일한 이점은 그것이 강력한 착취계급을 제거해줄 수 있을지 모른다는 것이다. 그러나 이것조차 경제가치의 7요소의 하나에 지나지 않는다. 위에 말한 것처럼 경제가치의 필요한 여러 요소는 생명, 노동, 교환, 성장, 선택, 법, 목적이다. 폭력혁명은 여섯 번째 요소(법)로 분류할 수 있을지 모른다. 왜냐하면 그것은 착취세력을 폐지, 단절함으로써 법에 맞는 세계를 만들려고 하기 때문이다.

제3장에서 말했듯이, 경제활동은 인간 의식의 각성으로 변화한다. 의식이 발달하지 못한 사회에서는 어머니가 졸음이 오는 아이 손을 잡아끌듯이 폭력적 수단을 취할 수도 있다. 그러나 그 아이가 제 발로 걸을 수 있다면 어머니는 얼마간의 거리를 걷게 한다. 그러다가 어디에 걸려 넘어지거나 하면 더 이상 걷게 하지 않는다. 이와 같이 경제혁명의 진전은 사회집단의 의식 각성 정도로 결정될 것이다. 폭력혁명은 총 인구의 80퍼센트 이상이 폭력혁명 중에서도 먹을거리 위협을 느끼지 않던 농민들이었던 러시아 같은 나라에서 비교적 쉽게 수행되었다. 그러나 총 인구의 80퍼센트 이상이 도시에 모여 사는 영국이나 미국 같은 나라에서 일어난다면 참담한 결과를 가져올 것이다. 실업자의 급즈에서 혼란과 무질서가 생겨 우리들을 폭력혁명으로 유혹하지만, 우리는 설령 그것이 일시적으로 성공한다 해도, 그로써 경제상태가 근본적으로 개선되는 일은 결코 없으리라는 것을 알고 있다.

2

경제혁명

경제혁명은 어떻게 이루어질 것인가. 한 마디로, 그것은 인간 의식의 변혁으로 달성된다. 즉 소유권이나 상속이나 계약권과 관계가 있는 부와 직업에 관한 이념에 근본적 혁명이 일어나지 않으면 안 된다. 이런 생각의 혁명이 종교적 의식의 기초가 되어 그것이 사회적 의식을 형성할 만큼 발전할 때 비로소 경제혁명이 완전히 실현된다. 말할 것도 없이 종교적 의식은 근본적인 우주 의식을 의미한다.

이런 종교적 의식은 일관성 있는 세계관을 형성하지 못할지 모르지만, 우리가 인간 생명에 대한 기본적 신앙을 갖으려 한다면 그것이 필요하다. 만일 그것이 사회적으로 의식화해가는 것이라면 이미 앞장에서 말했듯이, 자연스러운 잠재의식에서 감각적인 자연의식으로 점차 발전하고 거기서 윤리적·사회적 의식으로 나아간다. 기본적 신앙이 확립되었다 해도 그것이 자연적 사회에 머물러 있다면, 그 시대의 경제 문화는 중세의 그것과 비슷한 것이 된다. 중세의 봉건적 경제는 혈연관계 사회를 중심으로, 자급자족 경제를 기초로 하고 있다. 사회 문명의 출현으로 교환과 성장이 한없이 변화하고 확대되었지만, 성장이 단지 사회적·종교적 의식에 의존할 뿐이라면 그것은 아직 봉건적 사상과 다를 바 없는 자본주의 문화를 전개하는데 지나지 않는다.

공산주의와 유물론적 사회주의는 이런 자본주의에 만족하지 못하고 새로운 계급의식을 창출함으로써 자본주의 경제를 혁명으로 이

끌려 하고 있다. 그러나 이 계급의식은 경제가치의 제2요소에 불과하다. 그것은 노동가치에 바탕을 두고 있고, 노동 가치는 경제 가치의 가장 중요한 부분이지만 거기에만 집중해서는 경제혁명은 성공할 수 없다.

또 만약 지식층이 육체노동에 종속된다면, 문화는 후퇴하고, 발명이나 발견은 멈출 것이며, 개인의 자발성은 최소한으로 제한될 것이다. 그 결과 생기는 실업 문제는 노동계급만으로 구성되는 사회에서는 해결할 수 없을 것이다.

경제구조는 생산만이 아니라 소비 수단도 제공해야 한다. 경제학적으로 말하면 폭력혁명은, 생산자 계급에 중심을 두지 않으면 성공할 수 없다. 소비를 위한 체계적 조직이 되어 있지 않기 때문이다. 폭력혁명은 화폐제도의 핵심을 소홀히 하고 있다. 그것은 전문적 경제학의 본성에 대한 이해가 없기 때문에, 법률을 바꾸면 경제혁명이 될 것처럼 오해한다. 바로 이 점에서 레닌은 잘못을 범했지만, 그는 또한 용감하게 회개하였다. 1921년의 쓴 경험 뒤, 그는 새로운 경제정책을 채용하였다. 먼저 소비자협동조합을 다시 조직하였다. 그리고 각종 협동조합 조직을 중심으로 집단농장을 배치하여, 그의 경제혁명의 이상을 향해 새로 전진하였던 것이다. 이 진보는 생협운동에 바탕을 두고 있다.

두뇌는 다른 세포가 통합하지 않으면 두뇌만으로 사람의 몸을 움직일 수 없다. 먼저 뼈대가 만들어져야 한다. 그리고 근육조직이 둘러싸고 그 위에 소화, 순환, 호흡, 배설, 그리고 신경의 여러 계통이 자리잡는다. 그리고 나서야 뇌 중추가 인간을 통제할 수 있다. 말하자면, 생산계급은 일종의 근육조직이다. 그러나 근육조직이 신경계통을 제어해도 인간의 몸 전체가 완전하다고는 할 수 없다. 여기에 참 경제혁명 최대의 어려움이 있다.

자본주의 경제에서 극히 소수자가 독점적으로 지배하고 인간 신체의 순환 계통에 해당하는 화폐제도를 마비시키고 있다. 이 사실을 더욱 날카롭게 느끼는 것은 근육조직인 노동계급이다. 그렇다고 해서, 만일 순환계 등을 폐지하는 것이 최선이라 생각하여 근육조직에만 의존한다면 우리들은 결코 건전한 몸을 만들 수 없을 것이다. 그러므로 참 행복과 계급 없는 사회를 실현하려고 하면, 우리들은 경제혁명을 사회의 어느 한 부분이 아니라 사회 전체에 기초를 두어야 한다.

계급 없는 사회에 바탕을 둔 이 사회운동은, 복음서에서 우리들에게 밝히 보인 예수의 하나님나라 개념과 완전히 정신이 같다. 그리스도는 나사렛 선언(누가 4:18)이나 주의 기도, 또는 그의 훌륭한 몇 비유에서, 사회 안의 '가장 작은 사람'을 무시하지 않도록 끊임없이 우리들을 일깨우고 있다. 예수는 자신이 그 목적으로 살았던 속죄애에 바탕 둔, 착취 없는 사회를 어떻게 이해할 것인가 우리들에게 가르쳤던 것이다.

그러므로 진정한 경제혁명은, 그리스도와 같이, 생명에 대하여 자각한 의식이 사회화할 때에만 이루어진다. 바꾸어 말하면, 기독교적인 형제애의 발전이 이상적 경제사회 발전에 기본적이라고 나는 굳게 믿는다. 기독교적 형제애가 되지 않으면 우리들은 결코 이상적 경제사회를 볼 수 없을 것이다.

제5장

Brotherhood Economics

여러 세대를 꿰뚫는 형제애

1

그리스도교 역사의 가장 큰 특징은 형제애의 전개다. 사도행전, 바울 서신 또는 요한 서신에 기록된 형제애 이야기를 여기서 되풀이할 필요는 없을 것이다. 이런 성서의 기록은 모두 다 잘 알려져 있다. 유세비우스가 집필한 최초의 교회사를 펼치면, 거기에 그리스도를 위하여 기쁘게 생명을 바치는 그리스도인뿐 아니라, 때로는 후대의 우리들에게는 기이한 방법으로 사랑을 실천하는 그리스도인의 기록으로 채워져 있음을 볼 수 있다. 그곳에는 사랑의 식사(Love Feast) 이야기도 나온다. 사랑의 식사란, 요한복음서 21장에 기록된 사건에 기원이 있다. 예수가 호숫가에서 일곱 명의 제자들에게 아침식사를 준비하도록 하였다. 초기 그리스도인들은 5세기 이상 동안 이 사건이 말하는 그리스도 사랑의 실천을 하고자 사랑의 식사를 하였다. 일곱 제자들은 직업을 잃었기 때문에, 사랑의 식사는 특히 실업자를 돕는 일이기도 하였다. 거기 참가하는 사람은 실업자를 구제할 의무가 있었다. 그리스도가 일곱 제자들에게 생선과 빵을 준비하였으므로 사랑의 식사는 실업자를 위하여, 또 이 기독교도 단체에 들어가기를 바라는 사람들을 위하여 생선과 빵을 준비하였다. 이것은 세례나 최후 만찬 기념과 함께 제3의 성례로 지켜졌다.

초기의 형제애는 주로 가난한 사람들을 위한 구제활동으로 나타났다. 최초의 병원은 로마 원로원 의원으로 그리스도인이었던 칼리구아스 티베리아스가 시작하였다. 로마인들이 병자나 나이 든 노예들에게 죽음의 장소로 사용했던 티베르 강 하구에 그 병원을 세웠다. 칼리구아스는 그들에 대한 연민으로 마음 아파하였던 것이다.

2세기의 유명한 크리스천 학자였던 오리겐은 그 아버지가 파라볼라니라고 불리는 집단에 속했다고 전해진다. 이 운동은 전염병으로 고통을 받는 사람들을, 사람들에게 박해를 받는데도 불구하고 자진하여 돌본 그리스도인들로 구성되었다. 한때 그들을 박해하였던 많은 사람들에게 교리를 가르쳐서 회심케 하는 일은 결코 없었을 것이다. 이 그리스도인 간호단체는 사랑의 봉사를 통해 그리스도교에 들어왔다. 많은 사람들이 파라볼라니의 사랑의 실천을 보고 알렉산드리아에서 그리스도교 신도가 15만 명을 헤아릴 만큼 커졌다. 이들 그리스도인들은 그 도시의 만 오천 명 가까운 가난한 사람들을 돌보았다. 알렉산드리아 클레멘트의 기록을 보면, 어떤 신자들은 이런 활동으로 자금난에 부딪쳤을 때 어려운 사람들을 돕기 위하여 자기 자신을 노예로 팔 만큼 헌신적이었다.

2

수도회

 이 시대의 형제애는 주로 가난한 사람의 구제에 드러났다. 이런 운동은 박해받는 그리스도인 집단 속에서 더욱 강화되었다. 그러나 4세기 콘스탄티누스 대제가 기독교를 공인하고부터 박해는 줄어들었다. 그 뒤 형제애는 사회애로서 교회의 테두리를 넘어갔다. 6세기 이전 소식은 자세히 모르지만, 진정한 기독교적 형제애를 밝히는 수도원과 관련해서 많은 형제애가 유지, 전개되었던 것이 알려지고 있다. 6세기에는 노동, 사랑 그리고 기도의 세 원칙을 내건 베네딕트 수도회가 탄생하였다. 이 베네딕트회 수도사는 직업적인 사제는 아니었다.

 베네딕트회, 도미니크회, 프란체스코회, 예수회 가운데 예수회만이 직업적인 사제가 되었다. 수도사는 3세기에 이미 나타났지만, 6세기에 일상생활의 수도사 활동으로 오늘날 촌락의 정착촌 같은 일을 한 것은 베네딕트 수도사들이었다. 교회의 이 주목할 만한 수도회가 6백 년에 걸쳐 유럽의 마을 문화를 인도했다고 해도 틀림이 없다. 그들은 자기들 세속의 직업을 수도원에 가지고 들어와 보수 없이 다른 사람에게 가르쳤다.

 세계의 아름다운 성화 가운데서도 유명한 플로렌스의 성 마가 수도원 벽화는 도미니크회 프라 안젤리코의 작품이다. 이런 벽화는 형제 수사들이 수도원 생활에서 노동하는 정신을 보여 주고 있다. 그들은 종교 교육뿐 아니라 직업 교육이나 사회조직을 추진하였다.

수도사들의 노력의 결과, 10세기 무렵 상인들의 길드가 만들어졌고 100년 뒤에는 노동자들의 길드가 기독교적인 기초 아래 조직되었다. 그들은 소비자의 요구 또는 필요에 따라 노동자의 수나 생산량을 정할 권한이 있었다. 수요와 공급이 조정되었던 것이다. 생산은 사용을 위하여 있고, 가격은 경제 규모에 따라 정해졌다.

　9세기부터 11세기까지의 기록은 거의 사라져 버렸지만 그동안 덴마크 사람, 스웨덴 사람, 노르웨이 사람들이 기독교를 받아들인 것은 잘 알려져 있다. 어두운 북국의 추운 겨울과 싸우던 건장한 스칸디나비아 사람들이 단지 교리를 가르쳤다고 해서 기독교인이 될 수 있었을 것인가. 나는 그렇게 생각하지 않는다. 이른바 '암흑'시대에 기독교가 발전한 것은 기독교적 형제애 운동이었던 기독교적 노동자 길드와 관계가 있다고 생각한다. 이들 북국에서도 기독교는 커다란 활동을 하였던 것이다. 같은 시대에 북이탈리아에 있었던, 우리가 아는 기독교적 길드에 가까운 조직이 있었을 가능성이 있다.

3

고딕건축과 기독교적 형제애

오늘날 프랑스에서 볼 수 있는 고딕건축은 겨우 50년 번영의 소산이다. 그 기초는 프란체스코회와 베네딕트회 정신의 융합이라고 할 수 있다. 이 베네딕트회 건물을 중심으로, 우선 작은 마을들에서 상인의 길드가 생긴다. 11세기에는 노동자 길드가 교회에서 만들어졌다. 이 길드는 직인들의 종교적 길드에 편입되어 당시의 장엄한 고딕건축을 세웠던 것이다. 존 러스킨은 저서 《베니스의 돌》에서 고딕건축을 세운 사람들의 그런 정신에 대하여 여러 쪽을 쓰고 있다. 우리는 그 가운데 어떻게 당시의 창조적인 사업이 길드 정신으로 수행되었는지 볼 수 있다. 파리 노트르담 대성당의 두 탑을 좀 떨어진 곳에서 보면 둘이 완전히 균형이 잡힌 것을 알 수 있다. 그러나 가까이에서 격자 모양을 보면 어느 하나도 같은 것이 없다. 그 하나하나를 각각의 직인, 개개인의 디자인으로 만든 것이다. 고딕 정신의 탁월한 아름다움은 그 완성의 통일성에 나타난다. 우리는 그것을 통하여 종교적 경건, 창조의 기쁨, 노동의 신성을 느낄 수 있다. 석공이나 철공, 목공, 유리직인이나 조각가 사이에 완전한 일치가 있었기에 그들이 큰 성당을 세우는 데 어려움이 없었다. 상부상조의 시스템이 그들 사이에 충분히 발달해 있었다. 실업은 없고 그들 사업에는 공황이 없었다. 이런 정신이 쇠퇴하면서 길드의 지도자들과 고용자 사이에 대립이 일어난다. 그렇기는 하나 그들 사이에서 계속된 오랜 다툼은 근대의 계급투쟁과는 비교도 안 된다.

중세의 혼란은 탁발 수도사들을 중심으로 형제애의 사회가 생기는 것을 도왔다. 수도원 밖에서는 기독교 이전의 로마법이, 수도원 안에서는 기독교 형제애에 바탕 둔 교회법이 지배하였다. 중세기 동안 기독교회가 타락으로 무너지지 않았던 것은 수도사들이 보인 형제애의 실천을 계속했기 때문이다. 이런 조직 가운데 가장 유명한 공동생활 형제회는, 무상으로 교육에 헌신하면서 지역사회의 가난한 사람들에게 봉사하였다. 이 수도회의 회원이었던 토마스 아 켐피스는 《그리스도를 본받아》라는 유명한 책을 세상에 남겼는데, 이 책에서 그들의 형제애 생활의 조직 배후에 있는 정신을 적고 있다. 그들이 이 책에 적힌 태도와 정신으로 일을 하였다면, 그곳에는 지극히 아름다운 종교적 경제생활이 있었을 가능성이 있다고 나는 믿는다. 위대한 학자, 신학자 그리고 시인이었던 에라스무스도 이 수도회에 속해 있었다.

4

재세례파 운동

많은 사람들이 실천한 형제애의 이념으로 르네상스는 신약성서를 사람들에게 넘겨줄 수 있었다. 사람들이 신약성서를 보게 됨으로써 커다란 종교운동이 다시 살아나게 되었다. 이 종교적 충동은 그때까지 거의 수도원 안에 갇혀 있었던 형제애를 사회 전체로 확대하려는 다른 운동의 발흥을 촉진하였다. 위클리프, 존 후스, 사보나롤라, 독일의 재세례파 운동이 그것이다.

재세례파는 형제애의 정신을 유지하였다. 그들은 이단으로 몰려 박해를 받았다. 그러나 스위스의 재세례파는 예수의 산상설교 말씀의 수준으로 사는 데 어느 정도 성공을 했다. 발도파(Waldenses) 등 다른 집단도 이 원리 위에 생활을 세우고자 하였다. 그러나 봉건 군주들은 명목으로는 기독교인이었으나 절반이 이교도적이고, '100퍼센트' 기독교인을 경멸하였다. 불행하게도 그들은 정치적 권력을 갖는 큰 교회의 박해를 받고 그들의 형제애 운동은 탄압을 받았다. 위대하고 성인과 같았던 야곱 후터는 살해되고 그의 제자들은 러시아로 도망갔다. 최근 그들의 기독교 공산주의를 좋아하지 않는 레닌에게 박해받을 때까지 그들은 러시아에 머물러 있었다. 그들은 다시 다른 나라로 도망갔다. 이번에는 브라질로, 그래서 일본인 이주민 가까이에 정착하였다. 일본인 이민들의 보고에 따르면, 그들 박해받은 기독교도들은 겨우 4년 안에 놀랄 만한 성공으로 기독교 형제애 집단을 재건하였다. 그밖에도 유사한 여러 집단이 있었다. 메노의 시몬

스로 거슬러 올라가는 메노나이트, 모라비아 형제단, 수많은 세례파 그밖에 유사한 여러 그룹이 있다. 이들은 민주적인 통치 형태를 가졌다.

프로테스탄트 여러 파가 받은 박해는 그들을 자유 원리의 열렬한 옹호자가 되게 하였지만, 그들이 형제애를 조직화하는 데 미적거렸다. 이들 집단 대부분은 로마법에 기초를 둔 국가 권력 같이, 개인주의적이었다. 참으로 기묘하게도, 또 유감스럽게도 이 개인주의적인 경향은 가톨릭교회의 절친한 벗으로 여겼던 훌륭한 길드 제도를 완전히 괴멸시켰다. 만일 이 길드 제도가 어떤 형태건 프로테스탄트 여러 파의 교회에 부활되었다면, 우리는 실업이나 그에 따르는 여러 문제에서 해방되었을 것이다. 그렇기는 하나, 인간 심리는 자유를 강조할 때 형제애의 제도를 무시하는 경향이 있고, 이를 미신으로 취급하여 그 신봉자들 박해를 정당화하는 것 같다.

5

프로테스탄트 자유주의

프로테스탄트 자유주의의 발흥에 따라 자유주의 경제도 생겼다. 만일 자유주의가 그것만으로 개신교 사회에 번영을 가져왔다면 형제애 운동이 교회에 많은 관심을 불러 일으켰을지 의심스럽다. 그러나 불행하게도 자유주의는 자본주의 체제와 결합하였다. 그리고 이 자본주의 체제가 이번에는 기계문명과 결합하였다. 이런 결합에서 자유주의적 기계주의적 체제가 생겨 프롤레타리아트가 만들어졌다. 이 체제에 반대하여 유물론적 공산주의가 등장하고 나서야 교회가 눈을 뜨게 되었다. 그러나 자유스러운 개신교에는 사회적 기독교의 비교적 성공한 운동 사례가 있지만, 형제애 조직의 대부분이 교회 밖에서 발전하게 된 것은 주목할 만한 일이고, 기묘한 사실이다. 이것은 교회가 믿음이나 교리 문제로 분열하고, 그 결과 형제애 운동을 추진하기가 매우 어렵게 되었다는 사실에 의한 것이다. 그리스도의 황금률에 따라 많은 형제애 단체가 생겼던 영국에서는 공제조합(Friendly society)이 나타나고 비밀결사였던 프리메이슨도 등장하였다. 현재 미국에는 교회 밖에 수 백 개의 다양한 형제애 단체가 있다. 교회에서 떠난 이런 경향은 노동단체(Fraternity)의 형태로 직인 길드가 재생한 것에서 볼 수 있다. 이들은 자주 무신론 선전의 온상이 된다.

그러면 자유와 사랑은 언제나 서로 대립하는 것으로 결론을 내려야 할 것인가? 그렇지 않다고 나는 확신한다. 다만 오늘날 양자가 서로 대립하는 것처럼 보인다. 따라서 현재 경제가 직면하고 있는 가장 중요한 문제는 이 둘, 즉 자유와 형제애를 어떻게 조화시킬까 하는 데 있다. 여기에 협동조합운동이 등장한다.

만일 여러 교파의 그리스도인이 몇 가지 해석상의 차이가 있더라도 모두에게 공통하는 신약성서의 원리에 따라 서로 일치할 수 있다면, 만일 그들이 형제애에 바탕을 두고 협동조합운동을 실천하는 데 합의할 수 있다면 그들은 실업이나 공황, 착취를 막을 수 있을 것이다.

6

기독교적 형제애의 경제적 실천

 기독교적 형제애의 발전사를 보면, 형제애가 기독교 신앙을 증거하였을 때는 소유권이나 상속 문제가 공산주의식으로 다루어지지 않았음이 분명하다. 거의 예외 없이 노동은 존중되고 금전의 이자는 허용되지 않았다. 형제애가 기독교회에서 강조되지 않았을 때, 기독교 이전의 로마법 아래에서 그랬듯이 사적 소유권 제도가 다시 생기고 노예제도가 부활하고 기독교적인 협동운동이 사라져가는 경향이 생겼다. 이것은 유럽에서 봉건주의가 일어났던 여러 원인의 하나였다. 기독교 도덕은 수도원으로 물러설 수밖에 없었다. 프로테스탄트운동이 수도원에서 유지되었던 기독교적 형제애의 경제 제도를 세속사회 속에서 다시 만들려 할 때, 그 운동은 봉건 영주의 힘을 빌려야만 했다. 이것 때문에 프로테스탄티즘은 서서히 형제애를 잃고 얻은 것은 신앙의 자유뿐이었다. 노예제도가 부활하고 기독교회는 기독교 이전 이교 시대의 상황 아래 놓이게 되었던 것이다. 거기에 자본주의와 함께 기계문명이 발전하게 되면서 더 큰 악이 생겼다.

 다행히 여기에 새로운 경제 질서운동이 일어났다. 협동조합운동이다. 로치데일 생협운동은 물건이 아니라 인격을 우선시하였다. 이윤 추구 대신 상호부조를 중시했다. 그것은 착취가 없는 계획경제를 목표로 하였다. 이것은 모두 그리스도가 가르친 산상수훈과 완전히 일치한다. 로치데일 생협운동의 성공 비밀 가운데 하나는, 신앙의 차이는 있지만 서로 사랑한다는 조합원 사이의 주목할 만한 약속이다. 더욱이 이 협동조합운동은 폭력을 배제하고, 그 자체의 가치로, 진리 그 자체로 승리를 얻는다는 비교할 수 없는 입증 방법을 제공한다. 독일의 프리드리히 폰 라이파이젠운동도 이와 비슷한 성질을 갖고 있다. 그의 커다란 공적은 협동조합운동을 기독교화한 것이다. 이 운동은 온화함을 지나칠 만큼 강조한 점은 있지만, 뿌리 깊은 힘이 있다. 과거의 실패를 회피하면서 우리들은 이런 원리를 어디까지나 밀고 나가지 않으면 안 된다.

제6장

Brotherhood Economics
현대 협동조합운동

1

 현대의 협동조합은 중세 시대 길드(조합)의 연장선상에서 개량되어 발전해왔다. 중세의 길드는 착취 없는 경제활동의 조직화를 이루었지만, 그 조직은 비조합원까지 형제애를 미칠 수 없었다. 다른 한편, 현대 협동조합의 기본 원칙 가운데 하나는 그 서비스를 지역사회 전체에 확대하는 것이다. 옛 조합은 서비스를 자기 조합에 한정하였다. 중세와 현대 형제애운동의 모습에서 또 하나 근본적으로 중요한 차이에 우리는 주의해야 한다. 개개의 길드에는 각기 그 수호성인이 있고 종교는 그에 따라 정해졌다. 그러나 당시에는 가톨릭 하나의 교회밖에 없었으니까 이 규칙에는 아무 문제도 생기지 않았다. 그러나 종교개혁 시대가 되자, 이 특징은 길드가 무너지는 걸림돌이 되었다. 현대의 협동조합이 시작하였을 때, 조합의 기본 신조의 하나는 정치와 종교 양쪽에서 중립하는 것이었다. 협동조합은 본질적으로 종교적인 형제애의 정신을 가지면서 여러 종파의 모든 차이를 타넘는다. 협동조합은 그렇게 해서 사회 전체에 봉사할 수 있었던 것이다.

 그러나 현대의 협동조합은 단일한 조직 속에 일정한 사회집단의 모든 사람을 포함시키려 하지 않는다. 그런 단일 조직은 어느 땐가는 기능을 계속 하기 어렵게 될 것이다. 협동조합은 어떤 상품에 대한 공통의 요구, 직업의 유사성, 어떤 연결을 바탕으로 조직되는, 작은 자발적 모임에서 시작한다. 그리고 이런 작은 그룹이 이번에는 지역연합을 구성해간다. 거기서 전국연합 그리고 국제적 협동조합 동맹으로 확대되어 가는 것이다.

2
로치데일 시스템

 최초로 협동조합을 일반에게 알리는 데 도전한 사람은 로버트 오웬이었다. 19세기 초 수십 년 동안 그는 여러 협동조합을 제창하였다. 그러나 그의 방식은 최선이 아니었다. 그와 친구들이 시작한 것은 주로 생산자협동조합으로, 출자금 총액에 맞는 이익을 출자자에게 되돌려 주는 것이었다. 너무나 자본주의적이었다. 그리고 그는 생산한 것을 판매하는 소비자 조직이 없어 실패하였다. 오웬은 협동조합을 자선활동의 한 형태로 보았고, 종교적 의식에 바탕을 둔 민주주의적 경제활동으로 만들지 못했다.

 1844년 영국 맨체스터 근처의 작은 마을 로치데일에서 28명의 직공들이 처음으로 소비자협동조합 가게를 냈다. 커피나 오트밀, 밀가루 구입은 티켓으로 거래되고, 업무 운영의 새로운 방법이 진 세계에 퍼져나갔다. 노동자들은 자기들의 보잘 것 없는 벌이에서 1파운드를 내는데 꼭 일 년이 걸렸고, 그 가게가 겨우 문을 열었을 때, 자본 합계 금액은 30파운드가 안 되었다. 저축과 계획을 추진하던 세월, 노동자들은 그들이 소망하는 세계에 대하여 얘기를 나누었다. 그들은 자기들의 유토피아로 나가는 첫 걸음으로, 자기들 가게를 경영하기 위하여 오늘날 로치데일 원칙으로 여러 나라 말로 알려진 단순한 규칙을 하나하나 정했다. 공개, 가입 탈퇴의 자유, 조합원 1인 1표, 출자 배당의 제한, 현금 거래, 교육 적립금, 구입 비례 배당, 시장 가격들이 그것이다.

로치데일생협을 조직한 사람들은 노동자 계급이었다. 그들은 높은 교육을 받은 사람들은 아니었지만, 실천 경험이 있었다. 해마다 흑자를 내면 그들은 구입 금액에 따라 구입자에게 돌려주는 분배 방법을 생각해냈다. 이렇게 하여 그들은 현대 사회에서 오늘날, 점진적으로, 눈에 띄지 않지만, 완전한 평화 속에 혁명을 추진하는 원리를 생각해냈던 것이다. 이익을 소비자들이 만든다. 이것은 소비자가 받아야 할 권리다. 세계 역사상 처음으로 소비에서 이익이 생겼던 것이다. '먹으면 먹을수록 배당이 늘어난다.' 검소하기로 유명한 스코틀랜드 사람이 한 말이다. 잉여분은 소비에 비례하여 되돌려준다는 원칙은, 근대 자본주의의 죄악―착취, 소수가 부를 축적, 나아가 자본 집중이라는 모든 폐해― 이 모두를 제거하는 기본적 토대다. 동시에 이것은 이미 상당히 축적된 어떤 자본에 대해서도 영향이 적고 정치적 사회주의나 유물론적 사회주의처럼 개개인 자본가를 괴롭히는 일도 없었다.

로치데일의 노동자들이 시작한 소비협동조합은 프레드릭 데니슨 모리스, 찰스 킹슬리, 루드로우 등 그리스도인 사회주의자들의 지지를 받았다. 그리고 조합은 점점 자라갔다. 처음 7년 동안 가게는 저녁에만 열었다. 조합원은 28명의 노동자밖에 없고 그 가운데 한 사람은 여성으로 안 투이데일이라 불렸다. 지금은 낮추어 잡아도 조합원은 725만 가족, 2,800만 명이다. 농촌에서는 가족의 절반 이상이 운동에 참가하고 있다. 지방의 단위 생협 연합체이고 C.W.S로 세계에 알려진 도매협동조합(Co-operative Wholesale Society)은 1,000개의 회원 조합이 소속되어 있다. 이들은 연간 10억 파운드의 상품을 거래하고 있으며, 그 상품은 150개 도매협동조합 공장에서 만들어지거나, 산하 협동조합을 위하여 도매협동조합에서 조달된다.

  개략의 숫자지만 오늘날 소비자협동조합은 세계 42개국에 퍼져 있고, 거기 속하는 조합원은 약 1억 세대에 이른다. 미국에서는 중서부의 농민이나 핀란드에서 온 사람들이 주축이 되어 일대 협동조합 운동으로 성장하고 있다. 현재 약 2백만의 협동조합원이 이 나라 전체에 흩어져 있다.

3

라이파이젠 시스템

영국에서 협동조합운동은 소비자협동조합에 머물러 덴마크나 스칸디나비아 여러 나라에 나타나는 모습은 보이지 않았다. 독일에서는 델리치의 헤르만 슐체가 로치데일 원칙을 도시 신용협동조합에 적용하였다. 그 뒤 얼마 안 있어 1869년 무렵 헤데스부르크의 프리드리히 빌헬름 라이파이젠이 로치데일의 원칙을 수정하여 농촌 신용협동조합에 적용하였다. 라이파이젠은 매우 진지한 기독교인이었으므로 협동조합의 수익에서, 조합원 가운데 가장 가난한 사람에게 생산자금으로 이자 없이 융자하였다. 이렇게 해서 그는, 가난을 벗어나게 하는 데 눈부신 성과를 거두었다. 많은 유럽 여러 나라가 그의 사례를 본받았다. 라틴 민족을 포용하는 프랑스조차 소비자협동조합의 조직에 뒷전을 서지 않았다.

4

일본의 협동조합운동

 협동조합운동은 전 내무부 장관이었던 히라다 도스께(平田東助) 씨가 일본에 소개하였다. 그는 1900년에 슐체의 도시 신용조합 시스템 아이디어를 들여왔다. 그런데 관 주도의 방법으로 소개되었기 때문에 사람들은 협동조합운동의 진정한 성격에 대하여 아는 바가 거의 없었으나 이 제도를 받아들였다. 첫 해에 만들어진 16개 협동조합은 거의 모두 신용조합이었으나 몇 해 뒤 소비자협동조합으로 활동을 넓혀갔다. 그러나 운영의 기초가 되는 기본원칙을 알지 못했기 때문에 거의 다 실패하였다. 1919년과 그 뒤 몇 해 동안 생활비가 치솟아 노동자계급은 엄중한 생활고에 시달렸다. 그 결과 무산계급 속에서 소비자협동조합운동이 일어났다. 다른 협동조합의 시도가 정부의 인가를 받아 협동조합운동이 새로운 힘을 받게 되었다. 1935년 4월 공적 통계에 따르면, 일본에서 각종 신용조합 1만 4,600에 조합원 수는 520만 명으로 늘어났다. 신용협동조합만으로 자본 합계가 18억 엔이다. 일본에서 협동조합은 정부의 지원을 받아 신용, 판매, 구매(소비자), 이용 네 분야에서 활동하고 있다.

5

강제 협동조합

러시아혁명은 마르크스주의 공산주의 원리에 바탕을 두었지만, 그 뒤 1921년에 레닌은 협동조합 방식으로 러시아를 개조했다. 그 해 그는 교환 대신 실시하던 배급 제도를 인간 심리의 움직임을 인정하는 경제제도로 변경하였던 것이다. 요즘 러시아에서 호주로 온 어떤 노동자가 내게 해준 말로는, 러시아에서는 강제로 협동조합이 조직되어 모두가 조합원 가입으로 급여의 한 달치를 치러야 한다는 것이다. 러시아가 더 이상 공산주의 국가가 아니라, 강제 협동조합 국가로 바뀌었음을 극명하게 보여준다. 무솔리니도 이탈리아에서 강제 협동조합 국가와 비슷한 무엇을 제도화하고 있다.

그러나 사람들이 자기 자신이 주도적으로 만들 수 있다는 교육을 받았다면 협동조합의 조직이 강제력 없이 그리고 훨씬 성공적으로, 쉽게 추진될 수 있다. 발상력이 풍부한 정신이 매우 중요하다. 강제 협동조합에서는 개개인이 비밀 매매로 협동조합의 본질에 어긋나는 유혹에 빠지기 쉽다. 그러다 보면 시스템 전체가 헛돌게 되고 계획경제는 무너지게 된다. 다른 한편, 자발적인 조직에서는 이런 유혹이 없을 것이다. 협동조합 경제의 진정한 모습은 착취 없는 계획된 경제체계라는데 있다. 그러므로 협동조합 체제의 여러 원칙을 많은 조합원들이 잘 이해하지 않으면, 이 제도는 외압에 잠시 버티다가 결국은 무너지게 된다. 그러므로 협동조합운동은 철저한 교육에서 시작해야 한다. 경제생활은 이런 교육에 좌우된다. 의식적인 자각과 자발적 행동이 없으면 협동조합운동은 추진할 수 없다. 교육의 과정은 시간이 너무 걸린다는 사람이 있을지 모른다. 그들은 국가사회주의 권력으로 자본주의 체제를 파괴하려고 할 지 모른다. 더욱이 사람들의 요구와 역량에 대하여 이해심이 없는 국가사회주의의 강제는, 아마도 더 나쁜, 다른 형태의 자본주의체제를 만들어낼 것이다.

오늘의 경제 상황은 앞서 말했듯이 가치의 7요소에서 이루어진다. 설령 노동의 국유화를 의회에서 법제화하더라도 다른 6요소를 무시한다면 그 법률은 거의 실행성이 없을 것이다. 이것은 호주에서 벌어진 철도 국유화의 실패에 잘 드러난다. 일본 철도 국유화가 성공한 이유는, 그 조치가 국민의 생활 조건에 부합했다는 사실에 있다. 그리고 경제 제도에서 매우 본질적인 다른 6요소를 내포하면서, 국민 생활에 뿌리를 내리고 있기 때문이다. 일본의 술과 담배 전매에 대해서는 같은 것을 말할 수 없다. 요 몇 해 사이 나아지고는 있지만, 정부는 아직 지역 정부의 마음에 드는 특정인에게 구매 대리점 허가를 주고 있다. 그들은 소매상들에게 도매금으로 팔아 잉여 이익을 남긴다. 만일 국가 사회주의가 그 체제 안에 협동조합의 모든 조직을 지원하지 않는다면 생산, 신용, 소비 세 분야 전반에 걸쳐, 일정 지역의 혜택 받는 사람들에게 남을 착취할 유혹을 낳게 할 것이 뻔하다.

6

협동조합운동에 대한 비판들

당연한 일이지만, 모든 지역의 비조합원 복지를 배려하지 않는 협동조합 조직에는 커다란 반대가 생긴다. 그런 조직 가운데는 자본주의 체제의 대체물 외에 아무 것도 아닌 것도 있다. 협동조합이 특정 지역이나 사람의 복지만을 위해 조직되었다면 많은 폐단이 일어나리라는 것을 인정해야 할 것이다. 그래서 사회 전체에 관심을 갖는 의식의 각성이 있어야 한다. 그런 폐해가 생기면 협동조합 정신을 경제 생활에 접합시켜야 사라질 것이다. 협동조합 정신에 어긋나는 사례가 생길 수 있다. 예를 들어, 소비자협동조합의 큰 공장이 종업원 식당에 필요한 것을 산다고 하자. 구입량이 많기 때문에 조합원 개개인이 받는 것보다 더 많은 구입 프리미엄이 그 공장에 돌아갈 수 있을 것이다. 이익의 분배율은 같겠지만 큰 공장은 더 많은 배당을 받게 될 것이다. 결국 협동조합 시스템에서 공장을 경영하는 자본가들이 개개 조합원보다 더 많은 이익을 보게 된다고 비판받을 수 있다. 많은 금액을 구입했다고 해서 그에 따른 이익이 꼭 배당되어야 할 필요는 없다고 나는 믿는다. 많은 돈을 내는 구입자에게 많은 배당을 하는 대신, 그 배당 가운데 일정 부분을 그 지역의 공공복지를 위하여 쓰도록 조정할 수도 있을 것이다. 그렇게 해서 이익은 사회에 환원이 된다. 그런 조정은 도시 신용협동조합에서도 이루어질 수 있을 것이다.

슐체 방식의 도시협동조합에서 가장 많은 이익을 얻는 사람은 최대의 예금자거나 최대의 대출자다. 최대의 예금자는 자본가들이고 최대 대출자도 자본가그룹에 속하는 사람들이다. 이것이 이 제도에 대한 비판을 낳게 한다. 이런 경우 만일 독일의 라이파이젠 시스템 정책을 적용한다면, 그 이익은 이 시스템의 가장 가난한 조합원들의 생산 자금으로 융자되거나, 또는 그 조합원들의 복지사업에 쓰이게 될 것이다. 이렇게 하여 협동조합은 그 최고의 목적을 이룰 수 있으리라. 일본의 도시협동조합은 이런 가능성에 눈뜨기 시작하고 있다. 협동조합은 이익을 그 조합원들의 의료 봉사를 위해 쓰기 시작하고 있다. 몇 곳에서 의료협동조합 병원이 신용협동조합의 이익으로 세워지기도 한다. 협동조합 이익을 조합원 사이에 분배해야 한다는 필연적 이유는 없으므로, 그 이익을 공공복지를 위하여 쓰도록 정할 수도 있다. 이렇게 하여 협동조합은 이따금 협동조합운동에 가해지는 비판을 피할 수 있을 것이다.

소매상인들, 그리고 도매상인들도 협동조합운동이 자기 영역을 침해한다는 이유로 이 운동을 공격한다. 협동조합이 주변 가게보다 가격을 낮추어 자기들과 가격 경쟁이 붙지 않을까 두려워한다. 여기에 대한 방어책은 소비자협동조합의 일곱 번째 원칙, 즉 시장 가격으로 판매하는 것이다. 이것은 자기 출자의 소매상들과 협동조합 양쪽에 보호벽이 된다. 이런 걱정을 없애는 또 다른 단계로는, 소매상들에게 협동조합의 지역 경영자가 되도록, 또 도매상들에게는 도매 경영자가 되도록 요청하는 것이다. 협동조합의 장점을 이해하는 사람들은 쾌히 거기에 참가할 것이다. 그러나 소매상이 너무나 많아 협동조합 경영자의 자리를 얻을 수 없다. 그들 가운데 어떤 사람은 다른 일자리를 찾을 수밖에 없다. 이런 이동 과정은 누구에게도 피해가 가지 않도록 시간을 두고 서서히 진행해야 할 것이다. 오늘날 영국의 소비자 협동조합은 영국의 생활필수품과 상품의 50퍼센트를 취급하고 있다. 이것은 1844년에 협동조합운동이 시작하고 나서 92년 동안 50퍼센트의 소매상인이 사라졌다는 것을 의미한다. 하나의 체제가 다른 체제로 바뀌는데 50년이 걸린 것이다.

 소매상을 하다가 협동조합 경영자가 된 사람들에게는 직업을 바꾼 데서 생기는 문제보다 더 난처한 문제가 있다. 자본주의 방식에서 협동조합 방식으로 사고방식을 바꾸어야 하기 때문이다. 엔간한 사람은 도박 본능이 있다. 사람은 조직된 고객으로부터 급료만 받는데 별로 마음이 당기지 않을 수 있다. 어떤 가게에 1천 파운드를 투자하여 한 해에 100퍼센트 이익을 올리는 사람은 그 이익 전부를 자기 것으로 하고 싶을지 모른다. 협동조합 조직의 구성원이 되면 그 사람은 한 해 200파운드 정도의 급료로 만족하기를 배워야 한다. 동시에 나머지 이익인 800파운드가 고객들의 이용에 비례하여 돌리는 것이다. 이것은 자본주의 정신으로는 어려운 일이겠지만, 협동조합 사상에는 충분히 들어맞는 것이다. 경영자에게는 충분히 지불한다. 고객들도 이용에 상응하는 배당을 받는다. 자본 집중도 축적도 없고 또 노동자와 자본가 사이에 계급 분열도 없다.

 협동조합 가게의 현금 거래 방식에 대하여 다른 비난이 있을지 모른다. 물건을 사고 파는 절차가 좀 까다로울지 모르지만, 협동조합 가게가 성공하려면 매우 중요하다. 엄격히 현금 매매를 주장하여 경제상 이익을 얻을 수 있다. 그렇지 않으면 3배의 자금이 필요하다. 상품 구입자로부터 돈을 받기까지 한 달에서 두 달 기다려야 할 때에는 저장, 마케팅, 상품 대출 등에 더 많은 자금이 필요하다. 현금 거래 방식은 소비자협동조합의 건전한 토대가 된다.

  협동조합에 대한 또 다른 비난으로, 궂은 날씨 때문에 상품 배달이 원활치 않다든가 그밖에 비슷한 장애가 일어날지 모른다. 눈이 많이 내려 구매자가 생협에 올 수 없게 되거나, 구매자가 직접 사러 오는 대신 전화로 주문하여 배송 기름 값이 더 들지 모른다. 이것은 소비자협동조합이 성공하기까지 그 조합원의 범위가 지리적으로 적당히 집중해야 할 것을 시사해준다. 설립할 때의 단위는 사방 3킬로미터를 넘지 않는 지역에 제한하는 것이 바람직하며, 그 지역 안에서 적어도 300세대가 조합원인 것이 좋을 것이다. 만일 조합원이 협동조합에 대해 비효율적이라고 불만을 말한다면, 소비자협동조합은 단지 먹을거리 잡화를 사기 위한 가게가 아니라는 것을 가르쳐야 한다. 협동조합이란 새 사회의 경제 단위이고, 조합원은 거기에 충실히 협력해야 한다. 설령 서비스가 조금 늦어지는 일이 있더라도, 조합원은 그 이익을 함께 나누기 때문이다.

7

정신적 운동인 협동조합

일반적으로 협동조합 경영은 조합원의 종교적 사회의식의 각성에 기댄다고 말할 수 있다. 만일 조합원이 모두 이기적이면 이익은 모두 배당의 형태로 조합원에게 돌려야 한다고 주장할 것이다. 다른 한편 조합원이 이타적인 사람이면 협동조합 수익의 일부를 사회로 돌리는 데 가치를 둘 것이다. 나는 협동조합의 경제가 그 조합원의 정신의 높낮이에 모습이 이루어진다는 것을 알았다. 협동조합의 기관들은 개인주의적인 자본주의와는 다르다. 거기서는 사회 전체를 위하여 계획된 경제를 목표로 한다. 조합원에게는 많건 적건 이기적 경향이 있기 때문에, 자유경쟁을 제거하는 장점이 있는 협동조합은 자본주의보다 우수한 점이 있는 것이다. 좋은 협동조합은 이기적인 조합원에게 영향을 미쳐 그들이 더 좋은 조합원이 되게 한다. 협동조합은 조합원과 이사들의 종교 의식에 비례하여 사회적 책임의 자각이 높아진다. 기독교 의식은 이 새로운 협동조합 제도와 밀접한 관계가 있다.

사람에 따라 '우리는 이 땅 위에서 하나님 나라를 세울 희망이 없다. 우리는 경제운동에 기대하지 않는다. 우리는 오로지 영적으로만 살겠다. 다른 일은 잊어버리겠다'고 하는 사람이 있을지 모른다. 그런 사상에는 매우 불교적인 울림이 있다. 불교도는 세상에서 은둔을 바라고 있다. 그러나 우리 그리스도인은 져야 할 십자가, 즉 예수의 십자가가 있다. 우리들은 악과 싸우고 사회악과도 싸우면서 나아가야 한다. 우리들은 땅 위에 하나님나라 건설을 목표로 하고 있다. 협동조합운동은 사랑과 형제애의 기독교 이상과 합치한다. 우리가 구하는 것은 형제애 의식의 부활, 기독교적 형제애의 부활이다. 러시아에서 공산주의를 전하는 동안은 다툼이나 동맹파업이나 혁명 이야기가 사라지지 않을 것이다. 이것은 하나의 병이고 일종의 투쟁 심리다. 계급간 마찰에 낭비하는 우리들의 에너지를 새로운 사회 기법의 고안이나 새로운 법제를 발견하는데 바쳐야 한다. 우리들이 바라는 경제 재건에는 형제애 운동의 재생이 필요한 것이다. 이것은 예수의 정신을 상공업 속에 쏟아 부어야 한다는 것이다.

만일 그리스도인들이 이런 방식으로 공헌하려고 하지 않는다면 누가 성공적인 경제 제도의 재건을 맡을 것인가? 기독교 정신의 핵심을 이루는 사랑과 형제애 정신은 새로운 질서를 여는 희망을 약속한다. 개개인 자본가들은 조직화된 형제애가 가져오는 결과에 적응할 수 없다. 어떤 자본가들은 자기가 손에 넣은 잉여를 그것을 얻은 사회에 환원시키려고 진지하게 노력하기도 한다. 그러나 그 사람들이 형제애에 바탕 둔 협동조합의 필요성을 깨닫지 않는 한, 자기 에너지를 낭비하고 그 무지 때문에 다른 많은 사람들을 희생시킨다. 예를 들면, 교토에는 일등원(一燈園)이라 불리는 흥미 있는 시설이 있다. 그것은 수도원의 일종이고 그 구성원 사회에 봉사하기 위하여 몸을 바치고 있다. 그 지도자는 불교신자인 니시다 덴코(西田天香)라는 분이다. 그는 아시씨의 성 프란체스코 정신에 깊이 영향을 받았다. 이 시설 사람들은 아무 대가도 받지 않고 가장 멸시 받는 일을 기쁜 마음으로 자진해서 맡고 있다. 그러나 그들은 자기들이 열심히 하는 봉사가, 이 일을 생활 수단으로 살아가는 사람들의 고용을 빼앗고 있다는 것을 알아차리지 못하고 있다.

노동운동만으로는 경제 질서를 재건할 수 없다. 1871년 파리에 노동당 정권이 들어섰다. 15만 명의 노동자가 정부가 되었던 것이다. 그들은 약 반 년 동안 공장과 생산을 관리하였다. 정부는 더 많은 자금을 기계류와 공장에 쏟아 부었다. 노동자들은 끊임없이 만들어내느라 날이 지고 샜다. 그러나 부르주아층은 그들이 만든 제품이 시장에 못 나오도록 시장을 틀어막았다. 이리하여 노동자들은 6개월 뒤에 실패의 쓴 잔을 마시게 되었다. 레닌과 트로츠키는 파리코뮌에서 교훈을 얻지 못하고, 러시아코뮌을 출발시킬 때 그것을 모델로 하였다. 그들은 노동당을 손 안에 넣었을 때 러시아 어디서나 실현 가능한 제도를 장악하였다고 생각했다. 그러나 그들도 실패해버렸다. 소비 시스템이 없으면 아무리 좋은 생산 시스템이 있더라도 시장의 부족으로 실패할 것이 확실하다. 노동으로 생산한 상품을 소비하기 위하여 만들어진, 목적의식적인 견실한 조직이 있어야 한다. 그렇지 않으면 노동은 암초에 부딪쳐 버린다. 경제의 혼돈은 자본의 완전한 지배와 똑같이 노동의 완전한 지배에서도 일어난다. 사람의 뇌 세포는 서로 관련되어 있고, 그렇기 때문에 뇌와 관념의 연합이 가능하다. 뇌와 신경계통도 관련되어 있다. 그런 조정이 잘 되지 않을 때 뇌는 매우 비정상적으로 열이 난다. 사회의 경제 체제라는 뇌에도 많은 세포가 있다. 이 경제 두뇌 시스템의 상호 조절만이 경제를 관리하는 여러 문제에 대한 진정한 해결책이다.

기독교회의 역사에는 처음부터 형제애 운동이 있었다. 우리는 이미 그 개요의 얼마를 살펴보았다. 1세기부터 19세기까지 그것은 교회 안의 사건이었다. 왕들은 폭력과 강권을 되풀이하면서 형제애 정신을 짓눌렀다. 형제애운동이 강하게 되면 왕이나 그 자녀들은 권력을 잃기 때문에 그것에 반대했던 것이다. 그리하여 그들은 성서에 쓰인 것과 다른 복음을 가르쳤다. 이제 우리들은 성서에 쓰인 그대로 가르칠 수 있는 시대를 겨우 맞게 된 것이다. 이제 형제애운동은 되살아나고 있다. 하지만 아직도 기독교는 있어야 할 기독교가 아니다. 지금의 기독교는 참으로 유감스러운 상태에 있다. 우리들은 십자가의 정신을 부활시켜야 한다.

만일 생산자와 소비자가 협력정신으로 하나가 되면 사회에 조화가 태어나리라. 이것을 우리들은 사회 단위(social unit)라 부른다. 그렇게 되면 생산자가 소비자가 되고, 소비자가 생산자가 된다. 누구나 사회의 조직화를 바라면 이 결론에 이를 것이다. 최선의 사회를 바라는 사람은 여기에 이르지 않을 수 없다. 이 사회 단위 가운데는 부당 이익도, 경쟁도 없고 또 여력이 낭비되는 일도 없다. 모든 힘은 진보를 위하여 쓰인다. 그리스도인은 자기 힘을 경쟁이 아니라, 이 사회 단위의 확립을 위하여 바쳐야 한다. 우리들은 소비자협동조합과 생산자협동조합을 조직하고 소비자와 생산자 사이에 싸움이 일어나지 않도록 노력해야 한다.

나는 기독교 형제애운동 이야기를 읽을 때면 책을 내려놓을 수 없다. 일곱 형태의 경제협동조합으로, 또 한 나라 협동조합을 기독교협동조합 인터내셔널로 확대해감으로써 이 운동을 재구축하기를 제안한다. 계급투쟁은 과도기적 과정이다. 조직된 조합 사회에는 형제애가 필요하다. 자본가들이 잘못을 저지를 때에는 그들이 교정되도록 손을 내밀어주어야 한다. 이것이야말로 기독교다. 자본가를 자본가로 사랑할 이유는 없을지 모르지만, 그들이 뉘우치고 기독교적 형제애에 바탕을 두는 조합 사회에서 우리의 동료로 협력하도록 도와주어야 한다.

제7장

Brotherhood Economics
형제애의 행동

1

 오늘날 존재하는 것은 자본주의다. 자본주의는 무한한 자연자원이 있을 동안에는 좋지만, 우리들이 자연자원을 다 써버리면 비참과 가난이라는 무서운 상태가 벌어진다. 그러므로 경제 상태를 적절하고 공정하게 조절하기 위하여 형제애운동이 필요하다. 지금 우리들은 이른바 자주나 자유에 익숙해졌지만, 이기적인 자유를 갖는 것만으로는 행복하다고 말할 수 없다. 사람의 다섯 손가락이 각각 자기 자유를 주장할 수 있을까? 엄지손가락이 '나는 자주와 자유가 필요하다'라고 말할 수 있을까? 엄지손가락으로 책을 들어 올릴 수는 없지만, 다섯 손가락을 모두 쓰면 책상도 움직일 수 있다. 우리들에게 협동조합의 경제 시스템이 없으면 개개인이 자유를 자기 것으로 할 수 없다. 자유를 얻으려면 자유의 참 기반인 형제애와 배려의 마음을 가져야 한다. 그러나 우리는 이른바 개인적 자유를 강조하는 개신교 철학 속에서 교육을 받았기 때문에 때로는 진실한 자유에 필요한 형제애와 사랑의 기본 원리를 놓쳐버릴 때가 있다.

 우리들 몸은 수없이 많은 세포로 구성되어 있지만 동시에 소화기 계통과 동맥 계통, 골격 계통 그리고 호흡기 계통으로 이루어져 있다. 경제생활에 있어서도 일곱 유형의 시스템이 필요하며 각각 가치의 7요소와 대응한다.

 생명에 대해서는 건강보험이나 생명보험협동조합이 필요하고, 노동에는 생산자협동조합이, 교환에는 상업협동조합이, 발전에는 신용협동조합이나 신용연합조직이 필요하다. 또 직업 선택에는 상부상조의 협동조합이라든가 지원 조직이 필요하다. 질서 유지를 위해서는 공익

사업의 협동조합이 필요하고, 생활 목적에는 소비자협동조합이 필요하다. 이리하여 일곱 유형의 협동조합, 즉 일곱 유형의 형제애 조직이 필요하다. 그렇게 되어야만 비로소 착취를 없앨 수 있는 것이다.

# 2

보험협동조합

경제 관련 가치의 7요소는 경제의식을 나타내는 것으로 각각 특유한 기능이 있다. 예를 들면, 예전에는 생명 가치가 경제에서 그다지 중요하지 않았다. 오늘날 그 가치는 생명보험이나 국민건강보험 같이 현대 경제운동에 커다란 원천이 되어 있다. 이들 활동은 적정하게 사회화해야 하지만 자본주의체제가 이 영역에도 들어와 자리를 잡았다. 보험사에 투입된 자본 총액은 은행에서 취급하는 자본액을 훨씬 넘어선다. 현재 공황과 실업의 중요한 원인 가운데 하나는 소수 자본가가 생명보험을 지배하기 때문이다. 생명보험을 통하여 쌓인 돈은 자본주의체제의 힘을 크게 하는데 쓰인다. 앞날에 관련된 이 심리적 경제자원은 그것이 협동조합으로 운영되면, 또 그렇게 되었을 때에만 최고의 가능성을 실현하게 될 것이다. 생명보험은 협동조합으로 조직해야만 하며, 죽을 때까지 시간의 저축이라고 할 수 있는 돈은 협동조합 조합원을 위한 유동자금으로 쓰여야 한다. 만일 이것이 이루어지면 신용협동조합은 공황 상태에 직면할 두려움을 피할 수 있으리라. 우리는 다시 한 번 길드 정신으로 돌아갈 것이고, 교회를 중심으로 사랑에 바탕을 둔 상부상조를 촉진하게도 될 것이다.

국민건강보험도 마찬가지로 다룰 수 있을 것이다. 이런 형태의 보험은 처음 독일의 비스마르크가 1883년에 국민사회주의 이상의 하나로 만들었으나 성공하지 못했다. 왜냐하면 거기에 협동조합 정신이 빠져 있었기 때문이다. 덴마크의 국민건강보험은 협동조합으로 경영되어 훨씬 잘 운영되고 있다. 이전의 공제조합을 바탕으로 설립된 영국의 건강보험도 성공하고 있으며 프랑스의 공제조합도 마찬가지다. 협동조합의 기반이 없는 조직은 이 새로운 형태의 사회보험을 실현시킬 수 없다는 것은 명백하다.

3

생산자협동조합

생산자협동조합은 노동조합과 같은 계층 사람들에게 영향을 미치고 있다. 그러나 노동조합은 어떤 기업에도 직접 책임을 분담하지 않는다. 그러니까 노동조합 그 자체는 어디까지나 프롤레타리아트에 머무르는 경향이 있다. 그와 반대로 노동조합이 스스로 자발성을 가지면서 책임 일부를 분담한다면 노동조합은, 생산자협동조합으로 발전해나갈 것이다. 이 단계가 되면 노동조합은 효율이 좋은 소비자협동조합의 후원자가 되어야 한다. 그렇지 않으면 현재 놓인 위치에 그대로 머무르게 될 것이다. 현재 노동조합은 소비자협동조합에 아무 주목도 하지 않고 신용협동조합에 대해서도 등한시하는 경향이 있다. 노동조합이 그와 같이 근시안적 정책을 유지하는 한, 설령 정치권력에 아무리 이기더라도, 자본주의적 압제에서 벗어나기는 어려울 것이다. 그들은 언제까지나 프롤레타리아트에 머물러 있을 것이다.

일본의 토지협동조합은 일종의 생산자협동조합인 토지구분제의 형태로 몇 백 년이나 계속되었다. 그것은 원래 봉건시대의 11개 지역에서 13개 영주가 실시하던 것이다. 현재는 14,460개 연합조직에 22만 개의 소규모 생산자협동조합을 거느리게 되었다. 이런 협동조합은 효율상의 이유로 규모가 작다. 대규모 생산이면 노동이나 시간이나 노동조건을 계산하기가 매우 어렵다. 생산자협동조합은 조합원 서른 가족 정도가 가장 효율이 좋다고 한다. 연초에 조합원들이 협의를 하러 한 곳에 모여 투표로 조를 나눈다. 그 나눔은 성질이나 근면, 집중성, 기능에 따라 이루어진다. 서른 가족으로 구성된 조합에서는 그들 가족을 여섯 등급으로 나누기도 한다. 예를 들면 최고 등급 두 가족, 다음 등급에 세 가족, 그 다음에는 열 가족 그리고 다음 세 등급에는 각각 다섯 가족인 식이다. 전원 투표로 최고 평가를 받은 가족들은 연간 순 소득의 200퍼센트 정도의 배당을 준다. 두 번째 등급 가족들은 150퍼센트를 받는다. 표준 형태의 가족은 100퍼센트 배당을 받고, 아래 세 등급에는 각각 90, 80, 70퍼센트의 배당을 받는다. 이것은 분명히 공산주의는 아니다. 왜냐하면 가족의 우열 차이를 인정하고 등급별 제도가 있기 때문이다. 이렇게 조직화된 마을의 대부분은 여전히 가난하기는 하지만 협동정신에는 훨씬 큰 만족이 있다. 이전에는 심한 토지 싸움이 있었지만 지금 농민들은 토지생산자협동조합 속에 있기 때문에 새로운 생활관심을 갖고 향상의 자극을 느끼게 된다.

  이런 토지생산자단체의 원래 목적은 홍수 피해를 막기 위한 것이었다. 일본 하천 유역에서는 홍수의 심각한 피해가 6년, 12년 또는 18년 마다 일어났다. 홍수가 나서 경작지에 토사가 쌓인 첫 해에, 협력 집단은 공동 노력으로 경지의 1/3을 살렸다. 2년째에는 나머지 다른 지역이 살아나고 3년의 끝 무렵에는 모든 토지가 경작에 맞는 상태로 되돌아간다. 그런 일은 가뭄 때에도 농민들을 지킨다. 아무리 물이 부족하더라도 협동으로 경작하는 특정 지역에 그 물을 돌려 거기서 나오는 수확물을 집단 기준에 따라 분배되었던 것이다.

  영국의 생산자협동조합은 거의 실패했다. 존 러스킨이 조직한 성조지 토지길드도 실패했는데, 이것은 러스킨이 그 시대 경제상황을 충분히 이해하지 못했기 때문이었는지 모른다. 다른 한편 러스킨은 소비자조직의 연대는 하지 않고 기계의 힘에 대하여 강한 혐오감을 갖고 있었다. 그러나 실패에도 불구하고 그의 사업은 매우 가치 있는 경험을 주었다. 그의 의도는 길드 정신에 이르는 변하지 않는 길을 제시해준 것이다.

일본에서 협동조합운동으로 기계적 생산이 성공한 예는 실크생산자협동조합이다. 많은 마을의 실크공장들은 여러 해 불황으로 도산해 버렸지만, 협동조합은 오히려 그 강점을 발휘하였다. 이것은 가장 심각한 공황에 부딪혀도 협동조합은 그것을 견딜 수 있는 힘이 있음을 명확하게 보여준 주목할 만한 사실이다. 일본에는 85개 실크생산자협동조합이 있고, 연간 생산고는 8천만 엔에 이른다. 거기 투자한 자본은 거의 소규모 소작농민의 것이다. 어느 공장도 농민의 것이고 그 농민의 딸들이 노동자다. 농민은 생산한 실크를 직접 뉴욕 시장에 판매한다. 이렇게 하여 농민들은 중간 상인을 배제하였다. 오늘날 일본 실크 산업의 절반 이상이 이런 협동조합의 손 안에 있다.

이들 가운데는 군제(郡是)와 가다쿠라(片倉) 같은 자본주의 형태의 특별한 협동조합이 있다. 그들은 실크산업의 특수 사정 때문에 정부의 인가로 조직되고 있다. 가격변동이 심한 오늘날 비협동조합적 자본주의 시장 때문에 그렇게 하지 않을 수 없었던 것이다. 이런 경우는 어느 쪽 조직을 선택하느냐보다 특수한 조직 형태로 구분되는 것이다.

도시의 수공업지구에서는 1920년 이후 불황기에 공장을 돌리기 위하여 노동자들이 생산자협동조합을 조직한 사례가 많이 있었다. 자본가가 파산을 하고 노동자가 실업에 빠졌을 때, 노동자들은 수요자인 자본가로부터 공장을 맡아 자기 임금을 조정하는 권리를 확보하였던 것이다. 그들은 이전의 체제와 비교하여 수입은 줄었지만 실업은 벗어날 수 있었엇다. 그들은 그 제품을 농민에게 판매하고 이익을 나누었다. 오사카의 가와기타(川北) 전력회사, 동경에 가까운 가와구찌의 철공장, 그리고 몇몇 내복공장은 이런 경영으로 오늘날 성공을 거두고 있다. 가장 주목할 사례는 누마츠(沼津)어업협동조합으로, 그곳에는 만 명 정도의 조합원이 있다. 이 어협은 연간 생산고가 600만 엔 정도의 통조림 공장을 갖추고 있으며, 일본 어부들 사이에서 가장 건실한 협동조합으로 여겨지고 있다.

4
판매협동조합

만일 생산자협동조합과 소비자협동조합이 직접 거래 관계를 갖는다면 판매협동조합은 필요가 없게 된다. 그러나 소비자 제도가 충분히 조직되지 않은 경우에는 대도시의 생산자와 소비자를 결합하는 판매협동조합이 필요하게 된다. 이런 협동조합이 미국에서는 유럽전쟁 이전에도 훌륭하게 발달하고 있었다. 유럽 여러 나라에서는 농민들 사이에 밀, 채소, 우유를 취급하는 판매협동조합이 널리 퍼지고 또 잘 알려져 있다. 판매협동조합의 조직화가 농민들에게 유익한 것은 일반적 입장에서 보아 분명하다. 그로써 농민들의 수입이 늘 뿐 아니라 공황 때에는 그들이 그 손실을 막을 수 있게 되기 때문이다. 그런 조직의 조합원인 뉴질랜드의 농민 상황과 그런 조직을 갖지 않은 호주의 농민을 비교해 보면 이 사실은 뚜렷이 나타난다. 그러나 판매협동조합 농민들은 이따금 사회 개조보다 이익에 따라 움직이므로 일반적으로는 그들의 협동조합을 예금이나 사회보험, 소비자 간 상부상조 기능을 갖도록 확장해야 한다. 그러나 이런 방식은 비조합원에게 불평을 낳는 결과가 된다. 그렇기 때문에 나는 하나의 형태로만 협동조합을 조직하는 것은 현명하지 않다고 생각한다. 연합할 수 있는 많은 형태가 있어야 한다.

판매협동조합이 늘어나면 앞서 말했듯이 소매상은 결국 도태된다. 그러므로 이들 상인을 모아 상업협동조합으로 조직해 가거나 또는 순차적으로 판매협동조합 형태로 이행하도록 조직해가는 것이 필요하다. 여기에는 특별한 방법을 발달시켜야 할 것이다. 물론 그런 가게는 착취의 동기로 경영해서는 안 되고, 협동조합 조직에 불가결한 일부가 되지 않으면 안 된다.

›
5

신용협동조합

 가장 이상적인 신용협동조합은 독일의 라이파이젠 협동조합이다. 이것은 하나의 기독교운동이다. 이들 협동조합은 가난과 개인의 손안에 자본이 집중하는 것을 막는 두 가지 목적을 갖고 있다. 일본 같이 가난에 허덕이는 나라에도 여러 신용협동조합의 총액 18억 엔을 저축하고 있다는 사실은 주목할 만하다. 이런 기금은 사회를 위하여 사용되도록 해야 한다. 앞서 말했듯이, 그들은 보험협동조합, 특히 생명보험과 연대해야 한다. 생명보험에서 죽음에 이르기까지 시간 저축은 농업이나 공업의 생산 자본을 위하여 쓰여져야 한다. 또한 다른 여러 형태의 협동조합을 만드는 데 써야 하리라.
 최근 특히 호주, 뉴질랜드, 캐나다에 사는 영국인 가운데, 어느 정도는 메이저 더글라스가 시작한 사회신용제도에 관심이 높아지고 있다. 캐나다 알바타 주의 사회신용정당(Social Credit Party)이 승리한 이래, 이것은 영국인의 더 큰 주목을 받고 있다. 이 경우 나라는 지폐의 발행으로 화폐 시스템을 사회화할 수 있는 특수한 은행을 설립할 수 있다는 것, 그리고 그 화폐의 힘을 사용해서만 프롤레타리아트층의 해방이 가능하다는 것이 전제가 되고 있다. 신용의 사회화라는 입장에서 보면 이 이론은 지극히 공정하고 아무 비난도 받을 수 없다. 사실 많은 미국의 실험이 그랬듯이, 대량의 임시 지폐 발행으로 몇 년 동안 실업자를 구제할 수가 있다. 이것은 만일 적절한 조직 아래 행해진다면 경제 시스템은 지폐 발행으로 어느 정도 조정할 수 있음을 증명하고 있다. 그러나 내 판단으로는, 더글라스 신용제도는 특별한 조직력으로 제어할 수 있는 한정된 지역의 특수한 환경에서만 실행이 가능하다. 만일 더글라스 신용제도가 신용협동조합의 창설 없이, 또 다른 형태의 각종 협동조합과 연대 없이, 전국적으로 확대된다면 인플레를 일으키게 될 것이다. 물가는 급상승하고 대량 발행한 화폐는 부채로 사회에 남을 것이다. 그것은 계획경제의 기초 위에 설립된 것도 아니고, 협동조합적 재산 분배이념에 바탕을 둔 것도 아니니까, 화폐는 소수자의 손에 머무르게 될 것이다. 소비자 입장에서 보면 그 사업은 실패로 끝날 것이고, 생산자 입장에서 보면 이렇게 생긴 사회적 부채 상황이 그들에게 무거운 짐이 될 것이다. 그러므로 더글라스 신용제도가 항구적으로 채택된다면 신용협동조합을 기초로 해야 할 것이다. 만일 국내나 국제간에 신용협동조합이 조직되어 소비자협동조합, 생산자협동조합 나아가 각종 보험협동조합과 결합하게 되면 더글라스 신용제도와 같은 기획도 성공할 수 있을지 모른다. 그러나 그런 토대 없는 자유경쟁 아래 더글라스 신용제도의 채택은 독일이 최근 경험하였던 바로 그런 처참한 인플레에 빠질 것이라는 두려움을 지울 수 없다.

지금 존재하는 화폐제도의 결점은 그 제도 자체가 지나치게 강조된다는데 있다. 우리가 화폐제도라 부르는 것은 사회적 에너지를 화폐라는 상징으로 나타내는 것일 뿐이다. 메이저 더글라스는 상징적인 화폐제도의 중요성도 그 사회적 에너지를 넘어 강조하고 있다. 그는 화폐제도의 사회화는 프롤레타리아트를 해방시킬 것이라는 잘못된 생각을 가지고 있다. 임시로 지폐를 발행해 실업자를 구제한다는 방법이 성공하는 것은 지폐 때문이 아니라 길드 조직에 의한 것이다.

지도자들은 기독교적 형제애를 실천에 옮겨 실업자를 생산, 소비, 판매 및 신용의 각종 협동조합으로 조직화하였다. 이렇게 해서 지폐의 발행액은 소액이라도 오랜 시간에 걸쳐 많은 사람을 구제할 수 있었던 것이다. 신용조합을 조직하는 것이 화폐제도 재편보다 앞섰던 것이다.

어떤 화폐제도도 그를 뒷받침할 조직이 없으면 실시할 수 없다. 어떤 조직과 제도가 생기기까지는 물물교환만이 가능하다. 금화나 은화는 재화와 교환할 수 있지만, 지폐나 어음이나 증권이 사용되는 세계에서는 그런 형태의 것을 취급하는 조직이 없으면 안 된다. 사람들의 경제생활에 협동조합이 잘 조직되고 확실히 확립되어 있는 덴마크 같은 나라에서는 지폐를 쓸 필요가 없다. 필요한 것은 인환권뿐이다. 협동조합이 발달하고 확립된 곳에는, 정부가 보증하는 중앙협동조합 조직에서 더글라스 시스템이나 그와 같은 채권을 발행할 수 있다. 그러나 이런 양호한 환경 아래에서조차, 채권은 역시 일종의 사회적 채무가 될지 모른다. 그런 협동조합 제도가 무엇인가를 이해하는 사람들은 사회에 대한 책임감을 갖고 있으며, 따라서 그런 사회적 채무를 낳을 우려는 없다. 그러나 이런 이해가 없으면 더글라스 채권의 발행은 오늘날, 정부 국채의 과잉 발행이 초래하는 것과 같은 종류의 공황이나 가격 변동을 일으킬 것이 틀림없다. 결국 이 변동을 막는 것은 협동조합뿐이다. 그러므로 이 모든 것을 고려하면, 우리들은 이상적 화폐제도를 확립할 수 있는 것은 신용협동조합밖에 없다고 결론을 내릴 수밖에 없다.

공산주의자는 자본주의체제를 해체하는 첫걸음으로 주조화폐를 파괴하려고 한다. 이것은 신용협동조합을 중심으로 각종 협동조합이 완성될 경우에만 가능할 것이다. 덴마크에서는 상품 인환권이 수표를 대신하고 있다. 이들 인환권이 중앙협동조합 은행에 돌아오면 발행자의 예금구좌에 그 금액이 차입으로 적힌다. 발행자의 계좌에는 그의 생산액이 은행에서 대출로 적힌다. 그리고 그는 정기적으로 이 예금 잔액에 대한 통지를 받는다. 이렇게 하여 화폐제도를 사용하지 않고도 완전히 통용하게 된다. 은행 환금이나 우편환금 제도를 이용할 필요가 없는 것이다. 그러나 인환권을 채용하는 이런 화폐제도는 협동조합의 여러 조직을 떠나서는 굳건한 기반 위에 설 수 없고, 협동조합 조직은 그 자체 계획되고, 착취 없는 경제 위에 세워지지 않으면 원만하게 기능할 수 없다. 만일 조합원이 인환권을 위조하거나 금액을 속이는 경우, 인환권 화폐제도는 파괴된다. 그 결과는 은행 어음제도로, 예전의 무질서한 사회 상태로 되돌아가게 된다. 내 의견으로는, 덴마크 신용협동조합이 잘 운영되는 것은 그 조합이 루터 교회의 신앙 위에 세워졌기 때문이다. 금속화폐의 폐지는 종교적 원리에 기초를 둔 협동조합의 확립을 통해서만 가능하게 되는 것이다.

물가와 환의 변동을 두려워하여 많은 사람들이 금 본위의 철폐를 소망하였다. 1922년 이후 35개 나라가 금 본위제를 포기해버렸다. 여기에는 국제연맹에 소속된 문명국가의 반 수 이상 나라들이 포함된다. 현재 상황에서는 금 본위제로 돌아가기는 매우 어렵다고 생각한다.

금 본위제는 결국 물물교환 시스템을 합리화한 것에 지나지 않는다. 만일 사회가 물물교환 경제 이상으로 나가지 않는다면 금 본위는 중요한 역할을 할 것이다. 신용 있는 나라가 금 본위제 없이 불환지폐를 발행할 만큼 사회적 에너지를 관리할 수 있다면 그 사회는 단지 의식 경제의 사회적 에너지만으로도 기능할 수 있는 것이다. 단적으로 말하면, 한 나라의 신용은 그 나라 사람들이 경제의 가치 7요소를 포괄하는 운동을 조직할 수 있는 힘에 있는 것이다. 이 신용은 우리들이 사회적 에너지라 부르는 것에 있다. 이것은 다음과 같은 요소로 이루어지고 있다. 첫째는 사람들의 생명의 힘, 둘째는 노동의 힘, 셋째는 시장의 안정, 넷째는 사회적 에너지의 성장, 다섯째는 사람들의 능률, 여섯째는 나라의 법과 질서 그리고 일곱째가 소비의 성격과 그 힘을 정하는 목적이나 문화다. 이 사회적 에너지가 화폐순환의 보증이 되는 것이다. 금화는 사회적 에너지의 상징에 불과하다. 그러니까 만일 이 사회적 에너지가 완전히 조직화된다면 상품인환권의 채용이 완전히 가능하게 되고, 그 인환권의 가치 기준은, 열 칼로리건 전기와트건 기타 합의 위에 선택하는 것이면 무엇이든 좋은 것이 될 것이다.

사회적 에너지의 이들 7요소에 영향을 주는 것은 어느 것이나 외국환에도 영향을 미친다. 전쟁이 일어나면 생활수준은 떨어진다. 장기간에 걸친 파업은 사람들의 노동력을 떨어뜨린다. 시장이 자연재해로 기능을 못할 때나, 사람의 사회적 에너지가 활발하게 움직이지 못할 때는 국력이 상실된다. 교육 수준의 변화로 능률이 떨어질 때도 있고, 도덕 수준의 저하로 평화나 질서가 파괴되는 일도 있다. 문화의 퇴폐가 소비력의 감소를 초래할지 모른다. 이들이나 그와 비슷한 사건은 외국환의 변동이나 하락을 촉발하게 될 것이다.

현재와 같이 금본위에 그다지 의지하지 않는 시대에는 그 때문에 많은 실패가 생기는 수가 있다. 지금의 사회는 물물교환 경제 수준에서 의식경제 수준으로 옮겨가는 과정에 있다. 많은 나라들은 아직 금본위제를 유지하려고 하면서 금 모으기 경쟁을 하고, 그 때문에 이 비싼 금속이 얼마 안 되는 나라에 쌓여가고 있다. 이들 나라에서는 생활비와 물가 폭등이 일어나는 한편, 금을 많이 갖고 있지 않은 나라들은 물가가 떨어지게 된다. 이런 움직임은 물가가 높은 금 저장국의 수출이 감소하고, 부자나라의 몰락이라는 기묘한 현상을 가져 오게 되었다. 이것은 사회적 에너지의 기준이 금과 같은 특별한 상품으로만 측정할 수 있다는 잘못된 사고방식에서 오는 것이다. 계몽된 우리들 시대에서는 전기 와트를 사회적 에너지의 측정 기준으로 하면 한층 유효하고 적절할지도 모른다. 사실 나는 어느 땐가 문명국가들 환율이 주로 인구 한 사람당 전기 사용 비율로 결정될 날이 올지 모른다고 생각하고 있다.

이런 여러 사실을 생각하면, 국제신용은 결코 금본위의 채용만으로 안정될 수 없다는 것이 명백하다. 일본은 1차 세계대전 동안 금본위제를 포기하였다. 우리들은 하마구찌(浜口) 내각 때 다시 금본위제로 돌아왔지만, 1931년 12월에 다시 그것을 포기하지 않을 수 없었다. 거의 모든 유럽 나라들도 일본과 같은 과정을 밟았다. 그러므로 만일 우리들이 국제환의 안정화를 바란다면, 국제협동조합 조직과 그 중앙은행을 완성해야 한다. 이렇게 하면 국제사회의 사회적 에너지를 착취 시스템보다 상위에 놓고 그것을 완전히 제어하게 될 것이다. 이것이 이루어질 때 우리들은, 바란다면, 전력 사용량으로 화폐 기준을 기호화할 수도 있다. 현재와 같은 경제 불안의 원인은 협동조합 조직이 없다는데 있다. 내가 믿기로는, 협동조합 조직이 없는 것은 속죄애(그리스도의 사랑)의 원리에 대한 신앙을 고백하는 사람들 쪽에서 결심과 노력이 부족한데 있다. 그들은 깨어난 의식적 사랑에 비추어, 그들의 경제생활에 기본적이고 본능적으로 필요한 것(의식주)이 제공되는 체제를 재편할 수 없었던 것이다.

6

공제협동조합

상호부조의 협동조직은 이미 고대 원시사회 사람들 사이에서 발달하였다. 우리들도 이미 주의를 기울였듯이, 알렉산드리아의 기독교도들은 파라볼라니라 불렀던 호조사회 형태를 갖고 있었다. 그들은 서로 도우며 병자를 돌보고 죽은 사람을 묻는 호조사회로 진전해 갔으니까 교회 안에서 그것이 어떻게 조직되었는지 우리들은 쉽게 이해할 수 있다. 가난한 사람들에게 먹을 것을 주고, 사실상 실업자 구제도 되었던 아가페(애찬) 또는 사랑의 밥상이 있었다. 이것이 무엇을 말하는가 속내를 읽을 수 있다면, 서로 돕는 정신이 초기 교회에 자리잡고 있음을 명백히 알 수 있는 것이다. 10세기의 암흑시대조차 여러 봉사 단체가 있었던 것은 역사적 사실이다. 그들은 다리를 놓아주는 모임이란 뜻의 가교지회(Bridge Builders Associations)로 알려지고 있었는데, 회원 대부분은 이웃 마을에 가서 다리를 놓아주는 헌신적인 교회 사람들이었다. 상호부조 시스템은 순회 장인 길드 사이에도 널리 퍼지고 있었다. 중세 이탈리아 그리스도인들 사이에는 간호 길드가 있었다. 그 회원들은 자기 신원이 알려지지 않게 베일로 얼굴을 가리고 다니며 병자를 간호하였다.

오래 전 시대로 거슬러 올라가지만 호이라 불리는 일종의 상호부조 모임이 중국에서 일본에 소개되었다. 이것은 일본에서는, 종교적 의미를 갖는 모임이었던 다노모시고(賴母子請)라는 이름으로 알려지게 되었다. 다노모시고란, 문자 그대로 어머니와 아들의 신뢰라는 뜻이다. 이것은 상호신용조직이었다. 1931년에 다노모시고에 들어온 마을의 자본 총액은 대략 40억 엔이고, 그 가운데 8억 엔은 상업화된 다노모시고에 투자된 것이었다. 일본의 마을에서는 사원, 학교, 댐, 관개수로 등을 건설할 자금이 필요하였고, 크건 적건 공공토목사업에는 이따금 다노모시고 기금에서 자금이 보충되었다. 후자의 기금에서 보충하는 것은 매월 또는 격주의 출자신청으로 꽉 차게 된다. 이것은 상호부조의 정신을 낳는다. 일본 농민들은 협동조합운동 성격을 아직 충분히 이해하지 못하였을지 모르지만, 그들은 모두 예전 다노모시고에 대하여 이해하고, 찬성하고 있다. 인구 15만 명의 와까야마(和歌山市) 시에는 다노모시고 시스템이 서른여섯 가족을 단위로 만 5천 가족 사이에 조직되었다. 그 본부는 신용협동조합 형태를 취하지만 약간의 추첨제 성격을 가지고 있다. 부분적으로 상업화된 일본의 다노모시고를 영국의 공제조합과 비교한다면 우리들은 호조 의식이 호조 단체의 경제에 어느 만큼 영향을 주는가 하는, 정도의 차이를 이해할 수가 있다. 영국의 강력한 공제조합은 기독교 신앙 위에 발전해 온 것이고, 그 커다란 활력도 거기서 나온 것이다.

일본에서는, 실업자를 위한 공제협동조합을 다께우찌가츠(武內勝) 씨가 조직하였다. 그는 고베의 신가와(新川) 빈민가에서 오랜 세월 나와 함께 일한 사람이다. 내 지도 아래 그는 도시에서 미숙련 노동자를 위한 공제조합을 조직하였다. 1927년 이후 그는 이것을 실업자 구제를 위한 조합으로 바꾸었다. 사실을 말하면, 나는 공제조합을 실업 구제를 위한 조합으로 바꿀 수 있다고는 다께우찌가츠 씨가 실행할 때까지 알지 못했다. 그의 조직은 단순했다. 그는 모든 실업자를 등록시켰다. 실업자로 등록한 사람이 1,000명 있다고 해도,

첫 날에는 250명만 일자리를 찾을 수 없을지 모른다. 이런 경우에는 직장에 들어간 사람이 각기 5전씩, 그러니까 고용주로부터 5전, 고베시로부터 5전 이렇게 기금을 만들어 넣는다. 둘째 날에는 벌써 다른 250명이 일자리를 찾을 수 있을지 모르며, 이 경우에 그들의 고용주나 고베시와 함께 그 사람들도 5전을 넣는다. 이렇게 하여 4일 동안 마지막 날에는, 그동안 아무런 일자리도 얻지 못했던 250명이 남게 될 것이다. 이들 실업자는 일자리를 얻은 사람들의 지불과 그 고용주나 고베시의 지출에서 생긴 기금에서 일하지 못한 3일에 대하여 합계 45전을 받게 된다. 사실 고베시는 우리들의 예상보다 더 많은 사람에게 고용을 제공하였고, 그래서 실업자는 우리들이 생각하던 것보다 더 많이 받았던 것이다. 나는 실업자를 위한 이 호조시스템을 동경시에 소개하였다. 지금 일본의 여섯 개 대도시가 이 제도를 실시하려고 한다. 이 호조의 두드러진 특징은, 그것이 단지 실업수당이 되는 것을 방지하는 쪽으로 도입된데 있다. 한 달 동안 연속해 일하는 사람에게는 일정한 환불을 해준다. 실업에 위협받는 상황이 계속 되는 한, 나는 이런 종류의 공제조합은 대규모 구제제도보다 훨씬 효과적이라고 믿고 있다. 그것은 노동자계급의 사기를 뒷받침하고 근면을 촉진시킨다. 이와 관련해서 나는 실업보험인 벨기에의 겐트시스템은 대규모 국민고용보험제도보다 훨씬 더 좋게 볼 수 있지 않을까 생각한다. 협동조합에 기초를 두었기 때문이다. 거기서는 도덕심이 길러지고 국가 경비가 줄어든다. 남캘리포니아를 비롯해 미국의 몇 지역에서는 자조적인 협동조합이 커다란 성공을 거둬 일반 시민이 놀랄 정도다.

교도의 후꾸미(伏見)에 있는 공제협동조합은 흥미 있고 특이한 실험이다. 이것은 사실 공제협동조합과 신용협동조합을 결합시킨 것이다. 이익의 일부는 상업학교와 여학교의 경상 지출에 쓰이고, 나머지는 대학의 장학금으로 지출되었다. 그 외 협동조합의 이익은 일부 같은 종류 또는 다른 종류의 교육보험조합 기금으로 쓰이게 되었다. 더 높은 교육을 바라는 사람들에게는 그들 학생이 성공하였을 때 분할 납부의 양해 아래 이 기금에서 이자 없이 빌려주었다. 나는 그런 방법으로 동경의 노동조합 지구에서 탁아소 경영을 시작하고 있다. 만일 정규 요금이 부과되었다면 지불할 수 없는 사람이 많았을 것이다. 우리의 방법은 회원이 치러야 할 최저 금액을 정하고, 그것을 지분에 따라 분할한다. 능력 있는 사람은 혜택 받지 못한 사람보다 더 많은 지분을 인수할 수 있다. 다른 말로 하면, 문명의 진보에 따라 우리들은 그 구성원의 심리적 능력의 다른 상황에 직면하지 않을 수 없다. 그래서 우리들은 공제협동조합 조직을 반드시 제도화해야 한다. 만일 실업 때, 학비를 치르기 위하여 교육보험협동조합에서 돈을 빌릴 수 있다면, 우리들은 실업의 심각한 문제의 대부분에서 벗어날 수 있을 것이다. 문명의 진보와 함께 우리들은 이런 상호부조가 필요하다는 것을 느끼고 있으며, 이러한 상호부조의 전개는 그리스도교회의 커다란 사명의 하나라고 나는 믿는다.

7

공익협동조합

국가사회주의는 자본주의체제와 해롭게 관련된다. 그러므로 그 원리가 산업계에 적용된다 해도 자본주의 착취를 조장하는데 그치는 결과가 된다. 오늘날 지방자치체의 사회주의는, 중요한 상호부조의 협동조합을 모두 등한시하기 때문에 시민을 불리한 상황에 두고 시민으로부터 착취하고 있다. 만일 상호부조의 협동조합이 공공사업을 기획하는 수단으로 채용된다면, 가난한 지방자치체도 채무 발생이나 고리 지불로부터 구제될 것이다. 일본에서는 협동조합의 가능성을 살리는 도시의 사례들이 있다. 사가(佐賀)와 모리오카(盛岡)는 둘다 인구가 8만 가량의 도시다. 사가는 시민들에게 가스를 협동조합 경영으로 공급하고, 모리오카는 농협과 유사한 협동조합 관리로 물을 공급하고 있다. 자연자원의 일종인 수력발전은 소수의 자본가만 독점할 것이 아니다. 그것은 협동조합으로 조직된 이용자들이 운영해야 한다. 그렇게 하면 자본주의 수탈을 피할 수 있을 것이다. 교통기관의 여러 시설들도 마찬가지다 동경 같은 도시는 많은 부채로 막대한 이자를 치르고 있다. 그러다 보니 시민들은 높은 세율을 부담해야 한다. 만일 사람들이 새 지하철 건설에 도시 공채 발행보다 협동조합 자본을 이용하면, 자본가들이 합법적 이익을 도시에서 빨아들이는 것을 막을 것이다. 만일 새 지하철에 1억 엔이 필요하다면, 그 도시는 시민 500만 명에게 한 사람에 20엔씩 주를 제공할 수 있을 것이다. 한 달에 2엔씩 분할납부하면 필요한 자금은 10개월 안에 쉽게 모아질 것이다. 한 사람이 50이나 100 주를 인수할 수 있다. 지하철이 완성되었을 때는 보통 요금 이상 받지 않아도 이익이 나올 것이다. 이 이익의 일부는 공공복지를 위하여 쓸 수 있고 또 시민은 기금 지분의 소유자니까, 일부는 지분 보유자에게 배당으로 돌아올 수도 있다. 이것은 부의 집중을 막는다.

오늘날 같은 도시의 사회주의는 경영 관리의 각도에서 보면 일종의 사회주의지만, 돈의 지배라는 관점에서 보면 여전히 자본주의다. 자본가들은 보통 시민이 그 기금을 치르는 도시 공채의 이자에서 이익을 받고 있다. 납세자는 자본가에게 세금을 치른다고 말할 수도 있으리라. 시의 공공사업은 협동조합이 처음 기획하고 경영하고 이렇게 해서 시민 전체가 참 소유자가 되는 일을 왜 하려고 하지 않는가? 많은 도시에서 사회주의적 경영으로 경험하였던 커다란 어려움은 이런 점에 실패하였기 때문이라고 나는 생각한다. 현재 시스템에서는 예를 들면, 철도나 항만, 시장이나 해운 등 자체 공익사업은 정치의 돈 잔치가 된다. 정권과 정당이 바뀐다 해도 다음 선거 뒤에는 포기할지 모르는 계획이 세워지게 된다. 결과는 낭비와 무익이다. 전 시민의 상호활동에 바탕을 두는 협동조합에 그 제어장치를 맡기지 않으면 우리들은 언제나 정치의 지배 아래 놓일 것이다. 공공사업의 여러 기획은 정당의 잔치가 되기보다도 전 시민의 이익을 위한 협동조합으로 조직되어야 한다.

중요 산업의 사회화는 현대 사회경제에 널리 보이는 특징이 되고 있다. 이런 경향은 전력사업에서 특히 뚜렷하다. 현재까지 이런 사업은 자본가들의 재정 지원이 필요하다고 여겨졌다. 참 민주화는 재정 자원의 협동조합화를 통해서만 이룰 수 있다. 과세에 의한 수입에는 물론 일정한 한계가 있다. 그러나 협동조합적인 경영을 하게 되면 자발과 자립의 정신에 좋은 기회가 주어진다. 사람들은 납세만 아니라 자치체 사업에 훨씬 더 많이 공헌하려고 한다. 오스트리아 비엔나에서는, 시의 경영은 일부 자본주의이고 일부 사회주의다. 협동조합 경영은 자본주의 방식을 취하지 않아도 같은 목적을 이룰 수 있으리라고 나는 확신한다. 바꾸어 말하면, 현대의 지방자치체가 행하는 대규모 산업은 단순히 세수를 자원으로 하는 사무적 처리로는 기획할 수 없다. 그러나 이것과 협동조합과의 연대가 적절하게 기획되면 가능하다고 나는 믿는다. 이런 것은 신용협동조합이나 보험협동조합에서 잉여를 이용함으로써 가능할 것이다. 또 하나의 안으로, 시 자체를 공익협동조합으로 조직화하고, 시 청사 가운데 그런 부서를 설치하는 것도 고려할 수 있을 것이다. 도시 형태건, 전국형이건 사회주의 악폐의 하나가, 산업조직의 관리가 관료주의화 되는데 있는 것은 확실하다. 이것은 사람들에게 국유제도에 대한 관심을 잃게 하는 원인이 되고 있다. 그러나 이것은 자본주의 악폐나 시의 부정사건을 제거하기보다 더 큰 문제다. 도시가 하나의 길드조직으로 전환하면서 각종 산업협동조합과 연대를 하면, 사람들이 영위하는 경제의 모든 분야를 망라하게 될 것이다. 이렇게 해야, 또 이렇게 해서만, 이기적 자본가들이 자원을 잠식하는 것을 막고, 공황과 불황의 악순환에서 벗어날 수 있게 될 것이다.

8

소비협동조합

조직화와 운영이 가장 어려운 것은 소비조합 형태의 협동조합이다. 그러나 그것은 가장 기본적인 협동조합이다. 일부 사람은 이런 형태의 협동조합은 사회 재건을 위하여 필요하지 않고 노동조합을 중심으로 한 사회혁명으로 충분하다고 주장한다. 러시아의 정세는 생산 재건을 기본으로 하는 그런 혁명이 정치적으로 성공하고 있을지 모르지만, 경제적 관점에서 보면 큰 실패로 끝날 우려가 있음을 명백히 보여준다. 실제로 실행할 수 있는 체제는 생산을 위한 조직만이 아니라, 소비를 위한 조직도 있어야 한다. 프랑스에서는 라틴 민족에게 맞지 않는다는 이유만으로 소비협동조합이 거부되었다. 그러나 거기서조차 요 몇 해 소비협동조합이 성공리에 조직되었다. 백화점이나 연쇄점에 투자하였던 자본가들은 소비협동조합 조직에 분명히 반대할 것이다. 영국 로치데일 협동조합이 오늘날 성공한 것은 현대의 백화점이나 연쇄점의 발전 이전에 그것이 구상되고 성장하였기 때문이라고 나는 믿는다. 현재의 자유경쟁 체제가 계속 되면 백화점이나 연쇄점은 무너지더라도, 협동조합운동은 지속할 수 있을 것이다. 협동조합운동은 비영리 계획에 바탕을 두었기 때문이다. 생산 경제의 중요성과 마찬가지로 소비 경제의 중요성에 사람들의 의식이 깨어야 한다. 그런 의식이 깨어날 때까지 자본주의는 시장을 완전히 지배하기 위해 맹위를 떨치고 기를 쓰며 협동조합의 노력을 무력화할 것이다. 협동조합운동의 발전은 사람들에게 소비 경제의 중요성에 눈 뜨게 할 수 있는가 없는가에 달려 있다.

소비협동조합 운영에는 일정한 어려움이 있다. 이런 협동조합은 태반이 생활필수품과 관계되고, 그것들을 공급하려면 기민하게 마음을 써야 한다. 또 고려해야 할 것은 가격에 큰 변동이 일어나기 쉽다는 점이다. 경상비가 많이 드니까, 이런 협동조합에는 거액의 자본이 필요하다. 거래에 현금주의를 지키면, 자본이 훨씬 쉽게 회전하겠지만, 현금 거래 유지는 매우 어렵다. 처음 개설에는 용기가 든다. 그러나 소비협동조합은 한 번 출발하면 매우 급속하게 발전한다.

지금으로 보아서는 로치데일 개척자가 개발한 조직 방법보다 더 우수한 방법은 나타나지 않고 있다. 그러나 잉여의 전부를 조합원에게 분배하는 대신 잉여의 많은 부분을 공공복지를 위하여 쓴다면 어느 정도 개선이 이루어지지 않을까라는 의견을 나는 갖고 있다. 이것은 오늘날 소비협동조합에 대한 비판을 물리치는데 도움이 될 것이다. 실제로 이런 점이나 그밖에 다른 점에 사회적 의식이 확대되면 이 운동의 성과에 개선이 이루어질 것이다. 그런 운동의 이익 분배 방법은 사람들이 경제의 여러 가치에 대해 종교적 의식이 눈뜨는 정도에 달려 있다고 말하는 것이 옳다고 생각한다. 소비협동조합이 완전히 성공하려면 반드시 고려해야 할 것이 있다. 즉, 생산자그룹의 복리는 소비자에 대한 관심의 문제고, 소비자의 조직화와 계획에 그것을 무엇보다 고려해야 한다는 사실이다. 소비 경제의 8, 90퍼센트는 여성의 손에 있고, 소비협동조합의 성공을 좌우하는 사회적 의식의 각성에는 남성과 마찬가지로 여성의 계발도 필요하다. 이런 사실은 모두 기독교에서 발견되는 이상을 확립할 필요성을 시사하고 있다.

제8장

Brotherhood Economics

협동조합 국가

1

 중세기 북이탈리아에는 협동조합 국가가 많이 있었다. 플로렌스, 베니스, 파도와, 밀라노 그리고 약 30개의 작은 도시들은 종교, 경제, 정치가 한데 모이는 일종의 협동조합 국가였다. 오스트리아의 폭력이 그들을 파괴하지 않았다면 그들은 현재까지 남아 있었을 지도 모른다.

 협동조합 국가는 매우 높은 문화수준을 가지고 있었기 때문에, 약소 봉건영주는 그것을 쉽게 파괴할 수 없었다. 현대에도 일단 이 제도가 채용된다면, 작은 세력으로 그들을 파괴하기란 매우 어려울 것이다. 20세기에 이르기까지 역동적인 자본주의 체제가 진전하는 한편, 길드 국가의 이념은 완전히 잊혀졌다. 그러나 영국 소비협동조합의 발전을 통하여 딜러, 홉슨, 콜이라는 사람들이 그것을 재발견하였다. 1913년 무렵이었다. 그러나 제1차 세계대전 뒤 길드사회주의운동은 영국의 사회운동으로부터 무시되었다. 그 이유는 영국의 길드운동이 일반적인 길드운동보다 생산자 길드를 지나치게 강조한 데 있다. 러스킨이 그랬듯이, 유감스러운 실패가 있었다. 만일 그들이 처음부터 보험, 신용, 의료, 기타 협동조합 분야에서 활동하였다면, 길드 국가 운동은 강력한 것이 되었을 것이다. 그것은 화폐 유통의 사회화부터 시작하여, 생명보험으로 그리고 의료, 공익사업, 소비, 판매와 생산으로 확대되었을 것이다. 만일 이 과정을 거꾸로 하면 실패로 끝날 것이 거의 틀림없다.

 영국은 길드 국가를 세울 수 없었지만, 레닌과 무솔리니는 성공하였다. 즉, 1921년에 레닌 그리고 1934년 7월에 무솔리니가 이 정책과 방법을 채용하였다. 그러나 이 협동조합 국가가 성공이냐 실패냐 하는 것은, 산업을 관리하고 우애 의식을 각성시키는 정도에 비례한다. 나는 그리스도 속죄애의 정신적 기반이 없으면, 성공할 가능성은 거의 없다고 생각한다.

2
협동조합 국가

일반적으로 현대의 입법부는 설령 사회민주주의 성격을 가졌다 하더라도, 대중이 프롤레타리아트화하는 것을 막거나 그들을 공황과 불황에서 구출하는 데는 아무런 힘이 없다고 생각한다. 이유는 쉽게 알 수 있다. 의회의 기구가 주로 입법의 여러 문제에만 관심이 있고, 산업이나 사람들의 최대 관심사인 직업의 기본적 사항을 소홀히 하기 때문이다. 즉, 기본적으로 생활의 여러 문제를 파고들지 못한다.

생활의 모든 면에 형제애의 원리를 작용시키려면 협동조합 국가를 세워야 한다. 이것은 전국 연맹에 포섭되는 경제 관련 각종 협동조합을 토대로 구축하고 산업 의회와 사회 의회라 불리는 두 의회와 하나의 내각으로 구성되어야 할 것이다.

3

협동조합 연맹

협동조합 연맹이 목표로 하는 것은 한 나라의 산업을 착취체제로부터 해방시켜 계획적인 경제로 이끌어 가는 것이다. 그 조정기관은 다음과 같이 될 것이다. 첫째, 건강보험의 여러 조직. 둘째, 생산자협동조합. 셋째, 판매 및 운송협동조합 넷째, 신용조합의 체계적 조직. 다섯째, 공제협동조합에 속하는 여러 조직(교육, 직업, 사회복지). 여섯째, 공익협동조합. 일곱째, 소비협동조합. 이들 일곱 협동조합이 연맹으로 조정된다면, 산업의 여러 문제 그리고 한 나라의 국내 산업 문제 전부—특히, 소유·상속· 계약의 3대 문제—를 검토할 것이다. 그런 협동조합연맹은, 남을 희생시켜 이익을 올리는 조직을 갖지 않고, 낭비를 피하며 서로 도울 수 있도록 산업을 합리화시키기 위하여 이들 통일조직 전반에 걸쳐 모든 문제를 체계적으로 연구할 것이다. 이 연맹은 한 나라의 협동조합운동 방향과 정책을 검토할 뿐 아니라, 협동조합을 통한 국제무역의 실행 가능한 방향과 정책도 연구하고 검토할 것이다.

지역의 협동조합은 각각 협동조합연맹을 만들고, 이들 연맹이 이번에는 모두 일곱 형태의 협동조합을 포섭하는 중앙본부를 형성한다. 이 중앙본부는 지역 산업이 더 한층 발전하도록 노동계급 생활상태의 개선을 위하여 그리고 시민 전체의 일반적 복지를 위하여 여러 계획을 입안한다. 따라서 각 나라의 산업과 사회 쌍방의 입법부(의회)를 설치할 필요가 있을 것이다. 나라마다 각 협동조합이 그와 같이 조직되면, 협동조합은 자기들 결의를 이런 기관을 통하여 전국연맹에 전할 수 있게 될 것이다.

 한 나라의 각 협동조합들은 처음부터 일체화할 수도 있을 것이다. 일본 정부는 네 종류의 협동조합(이용, 판매, 소비, 신용협동조합)을 인가하여 이 모두를 하나의 포괄적 조직에 넣을 수 있다. 또한 앞서 말했듯이, 다른 세 가지 즉 보험, 생산, 그리고 공제협동조합을 여기 추가시킬 수 있으리라고 생각한다. 그로써 경제활동 전반에 걸치는 일곱 형태의 협동조합을 하나의 그룹으로 뭉뚱그릴 수 있게 된다. 이 포괄적인 중앙협동조합은 어느 나라 어느 부처에서도 설치할 수 있다. 부처 자체가 협동조합으로 조직되면 더 한층 좋을 것이다. 그러나 협동조합 활동이 일반적 목적이나 정치적 운동과 혼돈되어 경제적 기능이 풍화해버리지 않도록, 협동조합장은 마을이나 지역의 장이라야 한다. 마을이나 지역의 머리에 서는 사람은 때때로 바뀔 수 있지만, 협동조합장의 지위는 비교적 영속해야 할 것이다.

 우리들은 전국 규모의 협동조합에 대해서도 마찬가지로 생각할 수 있다. 각종 협동조합의 조합장들은 한 나라의 산업의회 의원을 구성할 수 있겠지만, 한 나라의 사회의회 의원은 협동조합 조합장 테두리 밖에서 선출되어야 한다. 항상 다른 조직을 가졌던 노동조합과 노동당의 역사를 관찰하면, 여기에 담긴 지혜는 쉽게 이해할 수 있다.

4

산업 의회

되풀이해서 말했듯이, 입법의 요소는 경제 관련 가치의 7요소 가운데 하나에 지나지 않고, 따라서 그 기능은 전체의 1/7에 지나지 않는다. 사회민주주의에 바탕을 둔 입법 조직의 결함을 회복하려면 그 의원들이 협동조합연맹을 통하여 주로 일곱 형태의 협동조합 조직에서 선출되도록 해야 한다. 그러나 이 소비협동조합연맹이 가결한 결의에만 의존하면 생산과 기타 형태의 일에 종사하는 노동자는 불공평한 법률의 적용을 받을 것이다. 따라서 노동자의 권리를 보호하려면 노동연맹이 형성되어야 한다. 협동조합과 노동조합 대표, 즉 양쪽 연맹 대표가 제안한 산업의회의 의원을 구성해야 한다. 이렇게 함으로써 산업의회는 그 관할 아래 모든 안건을 공정하게 처리하게 된다.

이 의회는 먼저 산업의 여러 문제에 주의를 기울일 것이다. 그것은 계획된 비영리 기준에 따라, 국민의 경제활동에 관한 모든 안건에 대하여 논의하고 법을 제정할 것이다. 의회는 사회 의회에서 회부되는 의안을 모두 재심사한다. 종교, 철학, 윤리, 외교, 군사, 국가예산에 대한 안건은 여러 산업의 각도에서 비판과 조정을 받게 될 것이다.

그러나 산업의회 최대의 문제는 자본주의 아래 개발된 거대한 생산조직을 어떻게 협동조합 관리 아래 옮길까 생각하는 것이리라. 각종 협동조합이 조정되어 하나의 연맹에 들어온다면, 나라는 지폐를 무이자로 신용조합에 대출하고, 이렇게 해서 연맹이 나라의 중요산업을 모두 매수할 수 있게 될 것이다. 그러나 설령 모두를 전국적 관리 아래 둔다 해도 변화는 다른 형태의 자본주의를 낳는데 그칠지도 모른다. 협동조합 운영의 여러 원칙을 이해할 수 없다면 부는 기존의 화폐제도를 통하여 소수자의 손 안에 다시 집중될 것이다. 이런 문제에 대한 하나의 해결은, 장기분할 계획 아래 협동조합이 그들로부터 경영권을 사들이면서 개인 소유권을 인정하는 방식이 될 것이다. 폭력혁명의 경우에는 몰수가 이 양도를 추진한다. 그러나 협동조합 국가에서는 폭력적인 몰수에 의지할 수는 없고, 자본가들이 조용히 퇴장할 기회를 줄 뿐이다. 몰수 대신 사들이기로 재원을 확보할 수 있다면 그리고 사들이는 조건으로 장기 지급이 된다면, 자본가는 새 질서가 타당한 것을 인정하게 되어 그 새 질서에 자기들의 활동 분야를 발견할 수 있을지 모른다. 산업의회가 생각할 가장 큰 문제는, 사유제도를 협동조합 소유제도로 이행시키는 방법일 것이다.

산업의회의 다음 연구과제는 협동조합이 국가에 치러야 할 과세율과 액수일 것이다. 단일세의 형태로 부과될지도 모른다. 또는 자본주의 국가에서 그렇듯이 현재의 복합 과세 제도가 계속될지 모른다. 협동조합 국가에서는 단일세가 이상적이겠지만, 징수 방법이 어렵다. 국가는 옛날 형식의 복합 과세를 계속하지 않을 수밖에 없을지 모른다.

또 산업의회는 이미 공적 지배 아래 있는 여러 기업과 긴밀한 관계를 확립하는 방법과 수단을 조사해야 한다. 그런 기획이 원활하게 발전하고 적당한 연대가 이루어진다면, 협동조합은 그런 기업을 그대로 존속시킬지 모른다. 만일 우편사업이나 전신·전화사업 같이 국유기업 쪽이 그것들이 전국적이기 때문에 한층 효율적이라면, 협동조합은 그들을 그대로 지속시켜야 한다. 국민건강보험이나 실업보험 같은 심리적 여러 요소를 갖는 기업은, 전국에 연합한 협동조합 경영으로 운영되어야 한다. 소비경제로 분리할 수 있는 것은 대체로 탄력적이기 때문에, 한층 효율적으로 운영되는 협동조합 경영으로 옮기면 더 발전해갈 것이다.

5

사회 의회

 그러나 산업 의회는 그것만으로는 종교, 사상, 예술, 교육, 문화, 음악, 도덕 같은 분야의 여러 문제를 연구할 능력이 없다. 그래서 주로 그런 일을 맡아 하는 전문가나 프로급 사람들을 뽑아야 한다. 외교나 군사 같은 여러 문제도 산업과 관계가 없지 않더라도, 다른 분야이므로 전문가에 맡겨야 한다. 따라서 산업 의회와 함께 사회 의회를 만들어야 한다. 여기에는 협동조합이나 노동조합과 동등한 여러 단체에서 의원이 선출되고 산업 의회 자체도 스스로 선출하는 대표자를 보내도록 해야 한다. 대중심리의 여러 요청을 채우려면 총선거가 필요할 것이다. 사회 의회 의원의 대부분은 보통 선거권으로 선출되어야 한다.

 사회 의회는 그때그때 사상과 여론의 흐름에 지배되므로, 쓸데없는 의논으로 나날을 지새우고 판단 잘못으로 의견일치를 볼 수 없는 경향이 생길 것이다. 이것은 산업 입법에 매우 해롭다. 협동조합의 여러 조직이 새로운 안건에 대해 늘 갈라지게 된다면 결과는 혼돈과 불안일 것이다. 따라서 사회 의회는 산업과 완전히 따로 운영해야 한다.

 산업 의회에서 가결된 법률은 사회의 회에 제출해야 한다. 사회 의회는 그것이 사회적으로 적당한 법안인지 아닌지에 따라 법률을 승인 또는 부결할 것이다. 그 다음 사회 의회는 그것을 마땅한 행정기구에 올려야 한다. 그 반대도 가능하여 사회 의회의 입법은 산업 의회에 보내져서 승인 또는 거부를 받게 된다. 산업 의회를 통과한 어떤 법안도 사회 의회의 승인을 얻는 이유는 대중심리의 압력으로 현명치 않은 결의를 하는 것을 막기 위해서다. 또 산업 문제를 산업만 아니라 종교, 철학, 도덕, 국제관계의 입장에서 검토하는 것이 바람직하기 때문이다. 분명히 두 번째(또는 사회적) 의회가 필요하다. 되풀이 말하지만, 산업 조직은 윤리 의식이 부족할 수 있다. 그래서 의원들이 자기중심의 이윤 추구자가 되어, 국내 문제에는 공정한 법안을 가결하지만 국제관계에는 지나치게 국가주의가 되는 수가 있다. 이런 일을 막기 위하여 사회 의회를 설치하는 것이 반드시 필요하다.

사회 의회는 산업 의회에서 제출하는 법안 말고도 국유기업과 국가예산을 검토하게 될 것이다. 이런 사항은 산업 의회에 회부된다. 사회 의회의 의원은 산업 의회 의원과 완전히 다르므로, 사회 의회에 할당된 사항에서도 최종적 입법 권한을 거기에 주는 것은 현명하지 않다. 협동조합 조합원은 일반 납세 시민으로서, 사회 의회로부터 적절치 않게 무거운 짐이 부과될지 모른다. 따라서 이들 법안도 산업 의회에서 투표로 결정할 필요가 있을 것이다.

우리들은 협동조합이 비영리 계획경제를 위한 통일기구로 조직되면, 그들은 소비자 이해를 중심으로 움직이는 경향이 있다는 문제를 환기시켰다. 그들은 비영리 목적으로 조직되기는 하였으나, 때로는 노동계급의 노동조건이나 노동시간, 임금을 전혀 고려하지 않을 수 있다는 결함이 있다. 따라서 그 결함을 극복하기 위하여 노동조건, 노동시간 및 임금 문제에 대해서는 협동조합연맹과 함께 기능하는 노동조합 회의를 설치할 필요가 있다. 보통은 노동조합 안에서 눈에 안 띄는 농민이나 어부들 또한 조직되어야 한다. 그들은 이제까지 생산물을 도시의 중개인에게 가장 싼 값으로 팔아야 했다. 그들에게 타당한 수입을 보장하고, 그들의 노동조건을 바꾸기 위하여 그들도 협동조합으로 조직할 필요가 있다. 그것이 이루어지면 무엇보다 그들의 생활수준이 나아질 것이다. 그들은 조직적으로 목소리를 낼 수 있게 된다. 만일 노동조합이 협동조합을 반대하여 파업을 선언하는 이례적 요구를 하였다면, 사회 의회는 윤리 문제로 분쟁에 판결을 내리거나, 또는 법정에 제소할 수밖에 없을 것이다. 협동조합 사회에서는 사람들의 생존과 노동 권리가 보장되고 실업보험 제도가 확립될 것이다. 이런 인정된 권리를 초월하는 분별없는 요구는 협동조합 경제를 마비시킬 것이다. 따라서 우리는 산업의 모든 문제를 원활하고 공정하게 조정하는 중재제도를 확립해야 한다.

6

내각

산업 의회와 사회 의회는 어느 것이나 집행권을 갖고 행정장관 또는 국가에 대하여 책임을 지는 내각을 구성하는 장관을 선출하게 될 것이다. 이와 같이 하여 내각은 국가의 입법부와 적정히 연대하고, 최종적으로 입법부에서 선출된 행정관과 협력하여, 유효한 산업 민주주의를 실현할 것이다.(152쪽 그림 참조) 이 내각은 두 의회에서 제출한 국가예산을 마지막으로 검토한다. 이런 수속은 오늘날 사회민주주의의 남용이나 투표제 선거에서 일어나는 추문들과 혼란을 피할 수 있을 것이다.

협동조합 국가

(두 줄은 기능, 한 줄은 관계 표시)

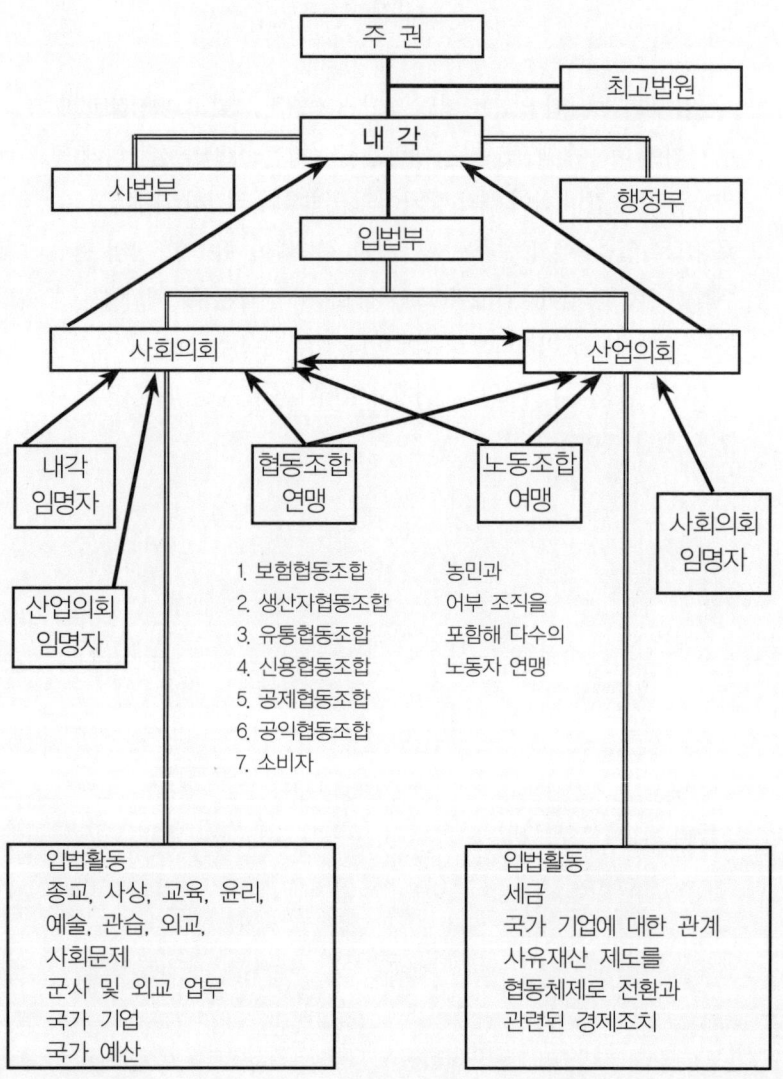

152 우애의 경제학

7

선거

 이미 말했듯이, 만일 선거가 각종 통일조직을 통하여 이루어진다면 부자들이 후보에 대한 뇌물공세를 할 수 없을 것이다. 오늘날 입법부 의원 가운데는 마치 자본가들의 경영 관리인 같은 사람도 있다. 이런 일이 일어나지 않도록 해야 한다. 입법부 의원들이 각종 통일조직에서 선출된다면 그들은 자기 임무를 뚜렷이 알 것이다. 그들은 소수 자본가보다 국민 대다수를 대표하고 있다. 그리고 또한 각 선거구의 경계가 처음부터 확실하므로 선거자금은 거의 필요하지 않으리라. 그래서 오늘날 번거로운 선거 규칙은 피할 수 있을 것이다. 의원들이 자기 이권을 누리기 위하여 부정행위를 하고자 하는 유혹도 사라질 것이다. 정부의 부패와 뇌물 증여는 이렇게 해서 완전히 없어질 것이다. 오늘날 일본에서는 광고 선전이나 정치회합의 조직화 등 선거운동에 거의 해마다 몇 백 만 엔이 허비되고 있다. 선거가 위에 말한 것처럼 이루어진다면, 이런 낭비는 확실히 줄어들 것이다. 산업조직의 회원은 보통 관계하는 여러 조직에 알려지고 있다. 따라서 지명도가 높고 신용이 있는 사람이 선전 홍보 없이 선출되는 것이 어려울 리가 없다. 산업계에서 중요한 위치를 차지하는 사람들도, 그 사람이 본질적으로 신뢰할 수 있는 건전한 사람이 아니면 선출되기 어렵다. 표면적으로 빛난다고 하여, 그 사람에게 선거에 출마할 자격을 주는 일이 있어서는 안 된다. 물론 선출된 사람들이 혁신적인 진보성이 없는 사람일지 모른다. 그러나 이런 단점은 그들이 매수되지 않았다는 사실로 충분히 보충될 것이다. 그들이 뇌물 증여에 움직이기 쉬운 상태가 되면 산업 전체에 공황이 일어나고, 실업이 늘어날 것이다. 따라서 산업 의회는 실제로는, 유권자에게 봉사할 경험이 풍부한 사람들로 구성되어야 하며, 그들이 선거기관을 정화할 수 있어야 한다.

일본의 국회의원은 대체로 자본가를 대표하고 있다. 그래서 사회민주주의는 보급하지 않는다. 노동자 정당은 왜 사회민주주의를 이용하지 않는가. 생산자(노동자를 포함)의 실제 숫자는 세계 인구의 대략 25퍼센트다. 호주에서는 650만 명 인구 가운데 겨우 75만 명만 노동조합에 속해있다. 따라서 노동조합이 많은 표를 얻으려면 사회가 노동계급 문제를 이해하도록 해야 한다. 그렇지 않으면 그들은 자기 정책을 제안하기가 매우 어려워진다. 오늘날 혼미한 선거제도에서는 성실성이나 높은 이상이 없는 사람이 표밭을 매수하려 돈을 쓰는 일이 간단히 이루어진다. 이렇게 하여 그들은 사회적으로 도움 되는 것은 아무 것도 하지 않는 국회의원이 된다. 실제로 아무리 위대한 인물이라도 선거자금을 쓰지 않고 의원에 당선되는 사람은 거의 없다. 반대로 앞서 제안했듯이 통일적인 여러 조직에서 사람을 선출하는 방법으로 하면 지나친 금전적 지출이 필요 없게 된다. 또 이 방법을 따르면 산업은 합리화하고, 경제적인 낭비가 사라지며, 의회에서 의원들이 개인의 이익 추구가 아니라 공익 봉사에 목숨을 걸게 될 것이다.

그러나 만일 노동자 정당만이 정부를 지배하게 되면, 보험, 유통, 금융, 교육제도, 공익조직, 군대제도 같은 일정한 사안을 처리하기 때문에 결국은 종전의 자본주의체제에서 전문가들을 채용할 수밖에 없을 것이다. 노동계급은 경제 관련 가치의 7요소 모두를 이해할 수 없고, 또 이해하지 않는다. 그러므로 나 자신과 별도의 영역에서 도움을 구해야 한다. 한편 노동단체가 협동조합과 연합하면 시대에 뒤진 자본주의 질서의 전문가들에게 도움을 구할 필요는 없을 것이다. 그들은 모두 프롤레타리아트 해방이라는 같은 소원을 갖고 있으니까, 의회의 의원들은 쉽게 그것을 실현할 수 있을 것이다.

8

경찰제도

비영리를 원칙으로 계획경제를 실행해 가는 협동조합 국가 또는 협동조합 사회에서 사람들은 경제적으로 힘들게 될지 모르지만, 다른 어려움을 겪게 될지 모른다. 알코올, 성병, 정신질환자, 지적장애자, 정신장애자는 범죄를 일으키고 평화를 교란할 것이다. 그래서 경찰의 일정한 예방조치나 보호조치가 필요하다. 정신적 균형을 잃은 사람들이 일으키는 국내 또는 외국 세력들이 미쳐 날뛰는 침략, 이들로부터 자기를 방어하기 위하여 군사, 경찰력을 가져야 한다. 물론 국제적 군사 경찰력이 있으면 그것을 이용할 수도 있으리라. 그러나 반사회적 폭동 가능성이 있는 한, 군사나 경찰력을 가질 필요성은 누구나 인정한다. 그러나 그런 군사나 경찰력이 공격이나 침략 수단으로 쓰이는 것은 절대 막아야 한다. 이런 종류의 경찰은 반사회적 인물이나 반사회적 운동이 일어나는 것을 어떻게 막을지 연구하는 일이 주어질 수도 있다.

9

자본주의에서 협동조합으로

우리들은 이런 계획을 제언은 할 수 있지만, 오늘날 자본주의 지배 아래 있는 어떤 국가에서, 어떻게 하면 이런 산업 의회를 만들 수 있을까 의심하는 사람도 많을 게 틀림없다. 물론 러시아나 이탈리아처럼 손쉽게 해치우면 간단히 끝난다. 그러나 앞서 말했듯이 너무나 성급하게 강행하는 일은 반드시 실패한다. 올바르고도 확실한 하나의 방법은, 그들이 추구하는 목표가 복지의 전반적인 개선으로밖에 이룰 수 없다는 것을 인식하도록 사람들을 교육시키는 것이다. 이르건 늦건 대부분의 나라들은, 자기 나라의 상원과 하원을 각각 사회 의회와 산업 의회로 재구성할 필요를 느낄 것이다. 그래서 양 의회를 통과한 국가예산은 마지막 심의를 위하여 내각에 제출될 것이다. 불행하게도 현재 사회민주주의 의회에는 상원과 하원이 있지만, 둘 다 같은 기능을 갖는 일종의 사회 의회다. 의원은 산업지식의 전문가로 선출하지 않았다. 따라서 협동조합 대표자들을 이런 의회에 보내는 것은 바람직하지 않다. 그렇게 되면 그들 입장은 노동조합을 즉시 노동당으로 간주하게 될 것이다. 산업의 협동조합 조직이 사회사상의 차이에 따라 그 전체 사회적 의식이 갈리고 잘 계획된 경제를 다시 무질서 상태로 넘어가게 할 것이다. 현대 자본주의체제가 지배하는 이 세계에서 협동조합의 힘을 키워가려면 비영리 경제운동을 끊임없이 길러내야 한다. 거기로부터 필연적으로 결과가 나오는 사회경제의 변화에 대해서는 기생하는 자본가들 말고는 모든 사람이 이해할 것이다.

영국의 소비협동조합이 1844~1930년까지 소매업자 수를 반으로 줄이고 백화점의 판매력을 억제할 수 있었다는 사실은, 아무리 반대가 강하더라도 비영리 동기에 서는 협동운동을 이길 수 없음을 보여준다. 독일의 신용협동조합 역사도 같은 것을 가르쳐주고 있다. 따라서 우리들은 이 재구축 사업을 끈기 있게 나가야 한다. 마지막에는 '약속의 땅'을 물려받을 것을 믿는 신앙 정신으로 그것을 이루어가야 한다. 승리의 가장 확실한 길은, 거친 폭력정책에 호소하지 않고, 협동조합운동에 지식과 공감을 갖는 상하 양원 의원들을 통하여 우리 이념을 추진하고 넓혀가는 길이다. 그리고 국민 대다수가 각종 협동조합의 조합원이 되면, 공공연하게 산업 민주주의의 깃발을 들고 자본주의체제를 인정하는 오늘날 사회민주주의를 개조하여 사회 정치 기구 모두를 협동조합으로 바꾸어가는 것을 기대할 수 있지 않을까?

단적으로 말하면, 오늘날 자본주의는 대중의 운명과 이해를 소수자가 멋대로 휘두르는 체제를 의미한다. 저 회사 또는 이 회사가 대박을 쳤다는 말을 들었다고 하자. 그것은 사람들이 알지 못했기 때문에 가능한 일이었다. 만일 그들이 정말 깬 정신을 갖고 있었다면, 그런 회사를 보이콧하고 그 때문에 회사는 도산했을지 모른다. 이 명백한 사실은 은행이나 신탁회사나 전력회사에도 해당된다. 그래서 사람들이 기독교적인 형제애를 경제생활에 도입하려면, 착취 없는 경제체제를 가질 필요가 있다는 것을 교육하고 자각시켜 가면 자본주의체제를 조합 경제로 고쳐나가기는 쉬울 것이다.

협동조합운동의 압력으로 자본주의 사회가 성문을 열어 항복하게 되고, 협동조합운동의 압력 아래 타협하게 되리라고 생각해도 하나 이상할 것은 없다. 이런 상황에서는 협동조합이 그들의 사업 권익을 사들여도 아무 상관없다. 이 경우 특정 개인이 거액의 돈을 손에 넣을지 모른다. 그러나 이것은 높은 재산세나 상속세를 물게 해 상쇄할 수 있고, 그런 세금은 사회에 돌아와 소수자의 손 안에 부를 축적하는 것을 막을 것이다. 이런 사람들이 그 돈을 신용조합에 예금하고, 그 예금에 붙는 이자를 받게 할 수도 있다. 그러나 자본가가 산업을 문어발처럼 늘려 봉건 영주처럼 커다란 영향력을 떨치고 있는 오늘날의 상황이 되풀이되어서는 안 된다. 신용조합은 되돌아온 원금을 전국의 각종 산업에 투자할 것이고, 이자의 얼마는 공공복지를 위해 쓰인다. 설령 자본가가 이자를 거액 예금하더라도, 그는 국가가 정한 소득세를 치른 뒤 그 나머지를 쓸 수 있을 뿐이다. 만일 그가 신용조합에 소득을 다시 예금하면 사회는 수익자가 될 것이다. 자본가가 인색하여 이자를 끌어내지 않고 돈을 신용조합에 남겨두면 원금은 늘어날 것이다. 그러나 그 경우에도 그가 죽으면 상속인에게 부과되는 상속세로 사회에 환원된다. 인간의 심리를 생각하면 어떤 사람의 유산이 자녀나 자손에게 상속되어도, 50퍼센트의 상속세를 부과하는 것에는 반대가 없을 것이다. 그러나 협동조합 국가에서는 생존권과 노동권, 교육권이 완전히 보장되니까 실제로 많은 자산을 자녀에게 남길 필요가 없다. 그렇다 하더라도 소유권 본능은 몇 천 년에 걸쳐 계속되어 온 것이고, 경제의 사회적 관습을 하루사이에 바꿀 수 없으므로 사유재산 제도를 바로 부정하는 것은 불가능하리라고 나는 생각한다.

10

사유와 개인기업

판매, 공익, 금융, 생산, 공제, 소비, 보험 등 사회경제의 모든 영역에서 계획경제가 협동조합을 통하여 행해지면, 잉여 이익은 그런 분야에서 개별 노동의 보수로, 또는 연금이나 상여로 나눌 수 있을 것이다. 똑같이 나눌 필요는 없지만, 공정한 경쟁을 하기 위하여 보수에 어느 정도 등급을 두어 나누는 일은 바람직하다. 낭비 대신 검약 정신을, 그리고 사회에 공헌하는 저금을 가르칠 필요가 있다. 따라서 공공산업을 위태롭게 하지 않는 한, 한정된 범위로 사유제도를 인정하는 것은 잘못이라고 생각하지 않는다. 사유제도를 완전히 폐지하면 사람들에게 공적 재산을 자기 것으로 생각하는 관습이 생겨 자기 좋을 대로 마구 다루게 된다. 러시아는 처음에 모두 평등하게 하려고 노력했다. 그러나 결국은 실패했다. 나는 그들이 임금표 제도를 썼다는 것을 알고 있다. 사유를 무시하면 언제나 도둑들이 횡행했다. 우리가 공공재산의 존중을 요구하는 법규를 가결하면, 동시에 개인이 사유 권리를 주장할 수 있는 범위도 규정해야 한다. 공공복지를 손상하지 않고 한정된 범위로 사유제도를 인정해야 할 이유가 있다. 한정된 사유를 인정하는 것이 소수자 손 안에 자본 축적을 가져올 우려를 없애고, 그것이 협동조합 국가에 해롭지 않을까 두려워할 이유도 없애준다.

자본주의 사회와 협동조합 사회에서 사유의 성질에는 큰 차이가 있다. 자본주의체제 아래 사유제는 남용되면 약탈이 된다. 그러나 협동주의 국가에서 사유는 악이 될 수 없다. 오히려 경우에 따라 협동조합 활동의 발전에 기여한다. 나는 사회경제의 모든 영역에서 사유제도를 변호하지 않는다. 생산, 판매, 운수, 금융, 공제, 공익 등 협동조합 분야에서는 사유권을 시인하지 않는다. 그러나 화폐나 생활필수품의 사유는 인정하는 것이 정당하다고 믿는다. 집에 대해서는 절대적 소유권은 인정하지 않을 수 있으나, 프라이버시의 권리, 방해받지 않고 연구나 실험을 할 권리는 인정해야 한다. 이런 사유를 인정했다고 해서 사회경제 복지를 위협하는 일은 결코 없을 것이다. 개인 소비에 속한 물품의 사유는 사치에 흐르지 않는 한, 사회에 손실을 끼치지는 않는다.

사회주의체제에서 사기업은 금지되겠지만, 협동조합 국가에서는 허용되어도 좋다. 개인 기업은 개개의 발명과 발견을 통하여 사회 진보를 촉진하기 위하여 있어야 그 존재를 허락할 필요가 있다고 생각한다. 그러나 개인 기업이 너무나 거대한 부를 축적할 때에는, 그것이 사회를 위태롭게 하지 않도록 산업 의회는 그들을 협동조합화하는 법률을 정해야 한다. 그런 개인 기업을 사들이는 방법에 대해서는 여기 되풀이할 필요가 없다. 우리는 개척이나 개발 사업에 대해서도 마찬가지로 대처할 수 있을 것이다. 협동조합 국가에서 사유 기업을 경영하는 사람은 산업 의회에 대표를 보내지 않을 터이니까, 그런 조직체 속에서 부당한 개인 영향력을 행사하여 사회의 목적을 해치는 일은 없을 것이다.

협동조합 국가에서 모험적인 개발 사업은, 협동조합 기업에 부적절하 낭비나 실험을 너무나 많이 수반하기 때문에 금지하는 경향이 있다. 그러나 우리들은 특히 18세기 후반부터, 발명이 사회에 가져온 커다란 공헌을 인정해야 한다. 협동조합 국가에서도 발명, 발견 및 개척 분야에서 일정한 개인 기업은 있어야 할 것이다.

11

자선과 교육

 협동조합운동이 완전히 확립되면 자선과 교육에 무엇이 일어날까? 협동조합 체제 아래서는 부자가 줄어들지만, 교육과 자선을 함께 촉진하는 체제가 되어 자본주의보다 우수하게 될 것이다. 빈부의 양극화냐, 공정한 분배냐에 관계없이 사회에 있는 돈의 총액은 같다. 협동조합운동에서처럼, 누구나 동등한 액수의 돈을 갖게 되면 쉽게 기부를 할 수 있다. 협동조합운동 아래서 가능성을 보이는 좋은 실례는 히도미(人見) 씨의 경험이다. 그는 교토에 가까운 후미(伏見)에 살고 있는 기독교인인데, 약 40년 전 신용조합 은행이 있는 공제 협동조합을 만들었다. 가입금은 단 2전이었다. 회원은 서서히 늘어서 신용조합은행 저축액은 2만 5천 엔이 되었다. 그들은 이익금을 마을 교육을 위하여 쓰기로 결의하였다. 그리고 이 기금으로 남자 상업학교와 고등여학교가 문을 열었다. 두 학교 합쳐 1,500명 이상 학생에게 교육을 했다. 조합원들은 나아가 공립도서관을 만들었다. 우수한 학생은 대학에 보냈다. 이런 일이 가능하게 된 것은 후미 시의 부자들이 아니라 신용조합이었다. 그러므로 우리들은 부자만을 의지할 필요가 없다. 자선과 교육에 관심을 갖고 그를 지지하는 사람들이 늘어나면 늘어날수록 그들의 지원 기초는 더 굳건하게 된다. 그리고 협동조합 조합원으로 참가하는 경험이 교육이 된다. 현재 자본주의 사회의 학교는 경쟁을 가르친다. 그것은 많은 사람을 희생시켜 극히 소수만을 풍요롭게 하길 가르치고, 전쟁을 일으키는 경쟁을 가르치는 것으로 어느 모로 보나 좋은 교육이라고 할 수 없다. 이 모두가 우리들 교육체제의 일부를 이루고 있다. 사회와 교육 양쪽을 위하여 우리들은 기독교 형제애 원칙에 바탕을 두는 협동조합 제도를 필요로 하고 있다.

제9장

Brotherhood Economics

형제애에 바탕 둔 세계평화

1

전쟁의 원인이 되는 경쟁

오늘날 전 세계의 기독교인들은 세계평화를 보증하는 국제 상황을 만들려고 진지하게 노력하고 있다. 많은 양심적 병역거부자가 있으며, 나는 그들을 세계에서 가장 훌륭한 사람들이라고 생각한다. 그러나 그런 철학을 이해하지 않는 나라들이 많다. 예를 들면, 일본에는 군국주의적인 경향이 있어 양심적 병역거부자를 엄격하게 다루는 비밀 지령이 있다. 유럽에서는 일억 명의 사람이 평화적 기독교의 본성을 이해하지 못한다. 백인들 사이에서조차 평화주의의 참 본질을 이해하지 못하는 사람들이 많이 있다. 다른 한편 평화의 철학에 마음이 끌리는 사람들도 늘어가고 있다. '영구평화'에 관한 수필을 쓴 사람은 위대한 철학자 임마누엘 칸트였다. 논리적 사고는 평화 실현에 도움이 된다. 그러나 오늘 같은 시대에 철학만으로 전쟁을 없앨 수는 없을 것이다.

오늘날 세계는 대규모 봉건제도로 돌아가는 느낌이 있다. 자본주의 기계문명의 발흥이 옛 봉건체제에 종지부를 찍었듯이, 비행기 문명의 탄생은 오늘의 봉건국가를 무너뜨릴지 모른다. 비행기 덕분에 일본과 미국의 거리는 겨우 40시간으로 줄었다. 이렇게 작아지는 지구 위에서 사람들이 서로 다투는 것은 불행한 일이다.

일찍이 인종적 증오라는 비극적 죄로 전쟁을 자주 일으켰다. 그러나 이제부터는 다시 인종적 증오로 전쟁이 일어나는 일은 없으리라고 생각한다. 종교대립으로 일어난 전쟁도 있었다. 이슬람교도와 그리스도교도가 2백년에 걸쳐 서로 싸웠다. 개신교와 가톨릭 사이에도 전쟁이 있었다. 그런 일이 오늘날 가능하다고 거의 생각할 수 없다. 이전에는 전쟁의 유력한 원인이었던 인종이나 종교는, 이제는 세계평화의 잠재적 위협의 목록에서 제거되었다고 봐도 좋다.

세계평화에 대한 위협으로 현존하는 상황은 대부분이 경제적인 것이다. 내 개인 의견으로는, 그것을 다섯 항목으로 분류할 수 있다. 즉 인구 과잉, 자연자원 결핍, 국제금융 문제(예를 들면 채무, 부채, 신용도), 무역 마찰(예를 들면, 관세나 거래 전환 등), 운수 정책 문제. 이것들이 언제라도 세계분쟁을 일으킬 수 있는 불씨라는 것은 누구나 알 것이다.

요즘 이탈리아와 에티오피아 사이의 분쟁은 바로 이런 일로 일어났다. 이것이 사실이니까, 세계평화를 확보하는 방법은 그런 경제 문제를 해결해야 한다는 것이 명백하다. 내 생각으로는, 비착취와 계획적 경제에 바탕을 둔 협동조합운동을 확대하여 국제화해갈 필요가 있다. 우리가 이 운동을 국제화하는데 성공하면, 세계평화를 실현하게 되리라.

과잉 인구와 식량 공급 문제는 밀접하게 관련되어 있다. 세계의 식량공급이 충분할까. 하고 많은 사람이 의문시하고 있다. 그러나 그 염려는 근거가 없다. J. R. 스미스 교수가 그의 책《세계 식량 자원론》(Food Resources of the World)에서 밝혔듯이, 세계의 식량은 남아 돌만큼 있다. 만일 국가들이 국제적 협동조합 무역을 실시하면, 세계 인구가 지금의 2~3배가 되어도 식량이 부족할 일은 없다. 인구와 식량 공급 관계에 대한 맬서스의 이론은, 식량을 증산시킨 농업과학 발달로 시대에 뒤진 것이 되었다. 최근 농업 불황의 원인은 먹을거리의 생산 과잉에 의한 것이었다. 러시아, 캐나다, 미국, 아르헨티나, 오스트레일리아, 뉴질랜드, 버마, 남아프리카 등 여러 나라는 식량 생산의 과잉 때문에 고민하고 있다. 세계열강이 좋은 이웃나라가 되어 함께 손을 잡으면 인류가 굶주리는 일은 결코 없을 것이다. 참으로 유감스럽지만 종교 지도자들도 대부분 이런 근본적 문제를 연구하지 않고, 맹목적으로 맬서스의 이론을 뒤좇으면서 인구가 늘어나면 식량은 점점 결핍하게 된다고 믿고 있다.

이따금 일본은 인구과잉 나라라고 말한다. 어떤 의미에서는 그렇지만 다른 점에서 보면 그렇지 않다. 일본은 산이 매우 많다. 국토의 85퍼센트는 농업에 적합하지 않다. 일본의 전 인구가 농경지역에 머무르면 밀도는 1평방마일 당 2,751명이 된다. 인구밀도를 실제 국토 면적으로 계산하면 평방마일 당 겨우 206명이다. 영국의 인구밀도는 그보다 더 조밀하여 평방마일 당 365명이다. 일본의 식량 공급 문제는 독특한 상황에 따라 문제를 해결해야 한다. 예를 들면, 상수리나 견과류 나무를 산의 경사면에 심으면 상황은 개선될 것이다. 상수리는 콩과 혼합하면 가축 먹이로 이용할 수 있다. 이것은 닭과 오리 등 가금에 싼 사료를 공급하게 될 것이다. 사람들은 그들 자신 식용 견과류를 더 잘 이용하는 법을 배울 것이다. 또한 일본은 스위스의 본보기를 따라 산의 경사지에 젖이 잘 나오는 염소를 기를 수 있으리라. 소는 잡초가 40퍼센트 이상이면 먹이로 할 수 없으나, 염소는 90퍼센트 잡초 사료로도 훌륭하게 자라난다. 덴마크에서는 젖 짜는 염소의 대규모 사육장이 72군데 있지만, 일본에는 한 군데도 없다. 사람이 염소 키우는 법을 알고 젖을 식재로 받아들이면 일본의 식량 공급은 크게 증가할 것이다. 그러나 오늘에 이르기까지,

일본은 농업과 낙농 제품의 새로운 계획을 무시해왔다. 우리가 현재 군비에 쓰는 돈을 그런 사업에 투입할 수 있었으면 좋겠다. 일본 군인들은 이런 경제의 문제를 잘 모른다. 그들은 칼만을 절거덕절거덕 울리고 싶어 한다. 이것은 참으로 동양의 심각한 상황이다. 미국에서도 사람들은 군비 증강을 지지하며 투표를 한다. 해외 전보가 일본에 도착한 다음날에는 즉시 군비 확장을 계획한다. 이 얼마나 어리석은 일인가. 유일한 해결은 경제 기획에 쓰는 돈을 더 늘리고 군사비를 줄이는 것이다.

바다도 또한 무한한 식량의 보고다. 일본에는 150만 명이 넘는 어민이 있고, 우리는 이 바다의 식량자원을 이용하고 있다. 우리들은 정어리를 잡고 고래를 잡는다. 우리는 북해에 가서 해마다 백 마리 이상 고래를 확보한다. 한 마리 고래는 천 마리 돼지만큼 많은 고기를 공급한다. 우리는 다른 종류의 해산물을 얻으려 적도 아래까지 내려간다. 인류가 먹을거리가 없어 고통을 받는다는 것은 오해다. 우리가 있어야 하도록 생활하면 식량 결핍의 위협은 없다. 큰 위협이 되는 것은 탐욕이다. 사람은 사치와 미식을 갈망하고 돈을 갈망한다. 그것이 투쟁과 알력을 일으킨다. 탐욕은 인구 과잉이나 천연자원 결핍의 위험보다 훨씬 커다란 위협이 되는 전쟁의 주원인이다. 야고보서 4장 1~3절에 아래와 같이 쓰여 있다.

> 여러분 가운데 전쟁이나 다툼은 어디서 오는가. 여러분 지체 가운데 싸우는 욕정 때문이 아닌가. 여러분은 강하게 바라면서, 여러분이 바라는 것을 얻지 못하고, 여러분은 질투하고 미워하면서 손에 넣을 수 없고, 다투고 싸워도 아무 것도 얻지 못한다. 그것은 하나님께 구하지 않기 때문이다. 여러분이 구해도 얻지 못하는 것은, 쾌락에 쓰기 위하여 나쁜 의도를 갖고 구하기 때문

이다.

 확실히 그대로다. 너무나 눈앞의 일에만 정신이 팔려 인간의 상호 사랑에 바탕 둔 새 경제정책을 확립하려고 하지 않으니까, 인류가 굶주림의 고통을 받는 것이다.
 옷의 부족으로 생기는 문제도 마찬가지지만, 여기에는 좀 특수한 점이 있다. 양털이나 면화는 세계의 어느 지역에서는 대량으로 생산되고 다른 지역에서는 그 원료를 수입해야 한다. 호주나 미국의 남부 여러 주에서는 양털이나 솜을 수출 못하면 큰일이다. 일본이나 중국은 그런 산물을 확보하지 못하면 고통을 받는다. 그래서 국가 간에 그런 무역을 하는 것은 당연하다. 시멘트나 목재 같은 건재도 생산지에서 수요지로 보내야 한다. 장래는 세계 각지의 다양한 수요와 다양한 생산물을 고려한 국제적 협동조합 무역을 행해야 할 것이다. 현대 세계 여러 나라는 설령 그렇게 바란다 해도, 낡은 자급자족 경제로는 살아갈 수 없다. 국제협조의 정책을 강구해야 한다.

2

로이드 해상보험의 경우를 보라

 국제 신용협동을 통하여 무엇을 할 수 있는지 볼 수 있는 좋은 사례로 로이드 해상보험을 들 수 있다. 로이드 보험은 국경을 넘은 재보험제도다. 다른 나라의 보험회사가 상호공제 원칙을 채용하여, 영국의 로이드에게 재보험 프리미엄을 지불하였다. 해난사고가 일어나면 로이드가 보험금을 낸다. 로이드 해상보험으로 구체화된 이 원칙이 세계의 모든 보험업 경영에 어떻게 적용할 수 있을까? 또 세계의 다른 여러 국민의 교섭이 불가결한 경제나 산업 업무에 왜 그것을 적용할 수 없을까? 국제연맹이 이런 국제적 경제 서비스 제공에 노력했더라면, 연맹은 오늘날 세계에서 가장 큰 영향력을 갖게 되었으리라. 로이드 해상보험이 국경에 관계없이, 모든 사람에게 칭찬받고 모두에게 이용되는 것과 마찬가지로, 국제적 무역협동도 가능하지 않을까?

 로이드 해상보험으로 성공한 이 원칙이 세계 여러 나라에 채용되어, 협동조합 기반에 선 생명보험 경영으로 발전해가기를 나는 간절히 바란다. 그러면 세계 여러 나라에서 생긴 이익을 전염병과 질병 근절에, 또는 다른 사회복지를 위하여 사용할 수 있게 될 것이다. 가축보험, 지진, 수해 따위 재해보험, 기타 여기에 준하는 것도 모두 국제화할 수 있을 것이다. 이런 기획은 사람들에게 의심을 갖게 하는 제국주의적 야심의 동기를 가질 수 있으므로, 그런 국제 보험 계획은 종교적, 이타적 사람들이 기획하는 국제운동으로 시작하는 것이 좋다고 나는 생각한다. 이것은 많은 나라의 지부가 각기 상호보험 원칙에 따라 기획하는 일종의 로이드형 국제보험을 만들기 위한 기금으로, 국제연맹에 2,000만 엔의 기부가 모이면 준비가 될 것이다. 이것은 국제보험협동조합의 시작이 될 것이다. 그러면 여러 국민 사이의 우호를 촉진하는 윤리적 운동이 도래할 것이다. 이것은 불가능하지 않다. 왜냐하면 역시 일종의 상호부조 조직에 바탕 둔 만국우편조약이 이미 존재하기 때문이다.

3

협동조합 무역과 세계평화

세계의 생명보험회사가 모두 협동조합화하여 국제연맹 아래 놓이게 되면, 우리는 그 이익을 기금으로 국제신용은행을 설립할 수 있을 것이다. 그런 은행의 설립으로, 국제상품 거래도 마찬가지로 협동조합 원칙과 관련을 갖게 되어 비정한 제국주의의 어리석은 경쟁은 국제 상황에서 멀어지게 될 것이다.

세계 여러 나라가 국제적 협동조합 사업으로 상호부조의 신용제도를 확립한다면, 국제 채무 문제도 한층 쉽게 조정될 것이다. 금본위제를 포기한 나라들도 외국 무역에서 영향을 받는 일이 없을 것이다. 무역수지 역조도 다른 나라와 순조로운 무역으로 상쇄될 것이기 때문이다. 예를 들면, 필리핀은 일본에서 잡화 수입이 일본으로 수출하는 것보다 2,000만 엔 초과라면서 일본과 무역역조를 불평한다. 한편 필리핀은 미국에 사탕을 수출하고 거기서는 흑자를 낸다. 그리고 미국은 일본에 각종 기계류 수출로 순조로운 무역을 하였다. 이들 세 나라가 국제신용은행의 서비스를 이용할 수 있게 되면, 더 이상 불평의 원인이 없어질 것이다. 농업국 필리핀과 잡화생산국인 일본과 고급기계 제조국인 미국은 가혹한 경쟁에 호소하지 않고 무역수지 조정을 위하여 함께 협력할 수 있을 것이다. 모든 문제는 국제신용은행처럼 국제적 협동조합 조직의 창설에 협동조합 정신을 구현하려는 의지로 여러 국민을 교육시키는 문제에 돌아간다. 그런 제도는 세계 평화 유지를 향해 커다란 발자국을 내디딜 것이다.

4

국제경제회의

　과거의 상황이 어떻든 오늘날 세계 각국은 자급자족 경제에 바탕을 두고 행동을 계속할 수는 없다. 여러 국민이 상업적으로 더 긴밀하게 맺어지려면, 국제적 협동조합 거래를 조직해야 한다. 그러려면 그 성패는 국제협조 조례를 준비하는 데 있다. 여러 조건의 연구나 무역협정 제도를 위하여 경제회의를 준비해야 한다. 이런 회의는 과거에도 여러 번 개최되었다. 1933년에는 런던에서 밀에 관한 세계회의를 개최하였다. 그리 성공했다고 말할 수 없으나, 그 회의는 밀의 거래에서 생기는 국제문제를 한 자리에 앉아 해결하려한 중요한 시도였다. 그에 앞서 1932년에는 파리 석유회의가 열렸다. 같은 해에 발틱 여러 나라에서 국제 해운회의가 열려 북구의 과잉 선박 폐기를 결정했다. 이들은 한정된 성격의 성과가 비슷한 회의였지만, 그래도 세계 무역의 난관을 해결하기 위하여 기획된 회의의 원형이다.

　나는 호주의 국제연맹협회에서 경제연맹을 만들자고 제안했다. 나는 지금도 같은 제안을 한다. 물론 이런 제안에 어떤 반대의견이 나올지 알고 있다. 런던에서 열렸던 세계경제회의의 실패를 반대 이론으로 들 것이다. 그러나 그 회의의 실패는, 그런 방향의 노력이 끝나는 것을 뜻하지 않는다. 그 회의는 너무도 많은 것을 포괄하려 하였다. 이제 12년이나 지난 얘기지만, 범태평양회의가 개최된 적이 있었다. 그때 나는 그런 회의의 성과에 대하여 비관적이었다. 그러나 그것은 환태평양 여러 국민에게 상호 이해를 촉진하는데 커다란 축복이 되었다. 지난해 봄, 나는 호주에 가서 그 나라의 유력한 지도자를 여럿 만났다. 그들이 환태평양회의에 참가했기 때문에 일본의 상황을 매우 잘 이해하고 있음을 알았다. 그러므로 나는 국제적 성격을 갖는 회의의 가치를 잘 알고 있다. 만일 국제연맹이 국제협동조합동맹과 협력하여 해마다 지역경제회의를 소집하게 된다면, 그것은 세계평화의 큰 길로 나가는 커다란 첫걸음이 될 것이라고 나는 확신한다. 이것은 과장된 제안 같이 들릴지 모르지만, 세계는 이런 경제문제를 함께 연구해 갈 필요가 있다. 이런 걸음을 세계 규모의 국제회의로 시작하는 것은 과거의 경험으로 비추어 보아 별 가치가 없다. 처음은 지역회의부터 시작하는 것이 바람직하다. 처음에는 5~6개 지역회의가 될지 모른다. 즉 아프리카 지역, 미국 지역, 중앙아시아 지역(이미 국제적 경제협력이 확립된 스칸디나비아 여러 나라를 포함), 유럽 지역 그리고 환태평양 지대 이렇게 될 것이다. 이들 회의는 어떤 해에는 인구문제, 다음 해에는 원료문제라는 식으로 해마다 특정 문제를 다루다가, 마지막에 국제환 문제로 들어가게 될 것이다. 회의와 그 프로그램 범위의 영역은 천천히 확대해가다 보면 마침내 세계회의를 여는 기운이 무르익을 것이다. 그렇게 되면 국제협동조합운동에도 커다란 전진을 기대할 수 있을 것이다.

5

국제협동조합

세계 각국 사람들은 국제협동조합을 통하여 세계 평화가 보증된다는 의식에 눈떠야 한다. 독일 마을들에서 라이파이젠 신용협동조합 제도가 실행되었다면, 같은 이론을 세계 여러 나라에서, 그 나라에 적합한 형태로 실행하는 것이 왜 불가능할까? 마을 사람 사이에는 다름이 있다. 그 다름은 협동조합을 할 때 고려해야 한다. 어떤 나라는 천연자원 기타 부가 풍부하다. 다른 나라는 약하여 원조가 필요하다. 더 풍부한 나라는 그런 운동에서 다른 나라보다 더 많은 이익을 손에 넣을 수 있는 위치에 있다. 그러나 한 마을이면 어떤 사람, 또는 어떤 가족이 다른 사람보다 많이 받을 수 있다는 인정이 있다. 협동조합 제도는 그런 차이를 고려하며 조정된다. 모든 일에 평등을 추구할 필요는 없다. 국제협동조합 목적은 더 작은 협동조합의 경우와 마찬가지다. 배당을 치른 뒤 협동조합 금고에 남는 잉여에서 더 가난한 나라로 대부할 수 있으리라. 이렇게 하여 더 약소한 나라들은 협동조합 제도를 통해 다른 나라의 상부상조로 자기들 상황을 개선해갈 수 있다. 현재는 약한 나라의 궁핍을 이용하여 그들 나라를 발굽으로 짓밟는 경향이 있다. 이것은 개인에 대해서건 국가에 대해서건 기독교적 태도가 아니다. 국제적 의식이 충분히 불러 일으켜지면 국제협동조합 발전으로 세계가 그 운명을 최선으로 형성해갈 것이라고 나는 굳게 믿는다. 가난한 나라의 경제 상태를 개선해가려면, 현재 군사비로 낭비되는 몇 백 만 파운드 돈을 가난한 나라의 경제 상태 개선에 쓰는 것이 훨씬 현명할 것이다. 1934년 국제연맹은 독일의 인플레에서 생긴 공포를 구하기 위하여 2천만 파운드를 대여하였다. 독일은 이 원조로 산업을 부흥하였고, 지금은 번영하고 있다. 영국과 덴마크는 국제협동조합 무역을 실시하여 많은 해군을 폐지하고 상비군을 3천명으로 줄이게 되었다. 이것은 다른 나라에 좋은 본을 제공하고 있다. 스웨덴, 노르웨이, 덴마크 그리고 핀란드는 국제평화의 길을 여는 훌륭한 국제협동조합 협정을 맺고 있다. 세계 여러 나라가 우주적인 형제애의 의식에 눈떠 지금 군비로 쓰는 거액의 지출을 사회복지사업 발전을 위하여 쓰게 된다면, 세계의 빈궁은 치유될 수 있을 것이다.

6

결론

여러 나라와 그 국민이 오늘날 아직도 시기심에 사로잡혀 여전히 군비에 막대한 지출을 하는 것을 우리들은 목격하고 있다. 마치 자기가 쳐놓은 덫에 스스로 걸린 것 같다. 이것은 우리들 의식에서 경제가 아직 정신화되지 않았기 때문이다. 종교계 지도자들도 경제에 정신적 내용을 부여하지 못하고 있다. 코페르니쿠스의 지동설이 등장할 때까지, 종교가의 대다수는 우리 지구가 유일한 세계라고 믿었다. 지금 우리는 지구 이외에 많은 세계가 있다는 것을 알고 전 우주가 우리 의식에 들어왔다. 마찬가지로 우리들의 종교 의식은 심리적 세계에 한정될 것이 아니라, 코페르니쿠스적 대담성으로, 감히 말한다면 경제 사회도 포함하지 않으면 안 된다.

예수의 종교는 육신이 된 종교다. 인간은 이 세계에서 모든 한계를 지니면서도 하나님—의식을 가질 수 있다는 것은 기쁜 소식이다. 이제까지 발달하지 못한 본능의 영역에 속한 것으로 보아왔던 경제활동의 모두를 속죄애의 의식적 행위로 정화하고 합리화할 것을 하나님—의식은 촉구한다. 그러므로 우리들은 경제생활 속에도 하나님의 이상을 성취하려고 노력해야 한다. 만일 경제활동을 현상 그대로 방치하면 세계 평화는 결코 확립할 수 없을 것이다. 종교도 또한 지금 상태 그대로면 세계평화를 실현할 수는 결코 없다. 십자가 위에서 보여주신 속죄애 의식이 협동조합 운동으로 입증되는 형제애를 통하여 국제경제의 신생에 침투할 때에만 평화는 이루어질 것이다. 몇 백 만

명의 사람들을 십자군으로 이끌고 성지 회복으로 선동하여 그 생명을 바치게 하였던 정신으로, 세계 경제체제를 협동조합화할 노력을 지금 곧 시작하자. 이것이 달성되었을 때, 우리는 세계 평화 확립의 유일하고 확실한 기반을 굳힌 것을 보게 될 것이다.

참고문헌

Rochdale Cooperatives

Childs, Marquis W., Sweden-the Middle Way. New Haven, Yale University Press, 1936. Pp.171

Fowler, Bertram B., Consumer Cooperation in America. New York, Vanguard Press, Inc., 1936. Pp. 305

Gide, Charles, Consumer's Cooperative Societies. Manchester(Eng.), Cooperative Union, Ltd., 1921. Pp.251

Hall, Fred, and Watkins, W.P., Cooperative: a Survey of the History, Principles and Organization of the Cooperative Movement in. Great Britian and Ireland. Manchester(Eng.), Cooperative Union, Ltd., 1934. Pp.408

Holyoake, George Jacob, The History of Cooperation: Revised and Completed. New York, E. P Dutton & Co., Inc., 1906. 2 vols. Pp 691

Kallen, Horace M., The Decline and Rise of the Consumer: a Philosophy of Consumer Cooperation. New York, D. Appleton-Century Company, 1936. Pp 470

Odhe, Thorsten, Finland: a Nation of Cooperators. London, Williams and Norgate, Ltd., 1931. Pp 151

Walter, Karl, Cooperation in Changing Italy: a Survey. London, P. S. King and Son, Ltd., 1934. Pp 80

Warbasse, James P., Cooperative Democracy. New York, Harper & Brothers, 1936. Pp. 365

Webb, Sidney, and Webb, Beatrice, The Consumer's Cooperative Movement. London: Longmans, Green and Co., 1921, Pp. 504

Friedrich Wilhelm Raiffeisen

Herrick, Myron T., and Ingallis, R., Rural Credits-Land and Cooperative. New York, D. Appleton and company, 1914, Pp. 519 Part Ⅱ, "Cooperative Credit," pp.247-480

Tucker, Donald S., The Evolution of people's Banks. New York, Columbia University Press, 1922. Pp. 272 In: Studies in History, Economics and Public Law. Edited by the Faculty of Political Science of Columbia University. Vol. CII, No.I; Whole No.231

Cole, G. D. H., The Life of Robert Owen. London, Macmillan & Company, Ltd., 1930. Pp.349

Lockwood, George Browning, The New Harmony Movement, New York, D. Appleton and Company, 1905. Pp.404

Sr. George's Land Guild

Hope-Scott, Edith, Ruskin's Guild of St. George. London, Methuen & Co., 1931. Pp.144

Ruskin, John, General Statement Explaining the Nature and Purposes of St. George's Guild. Sunnyside, Orpington, Kent(Eng.) George Allen, 1882. Pp.31

Douglas Social Credit Movement

Douglas, Clifford Hugh, Economic Democracy, London, Stanley Nott, 1934. Pp.155

, Social Credit, London, Eyre & Spottiswoode, 1933, Pp.212

Gaitskell, H. T. N., "Social Credit: the Views of Major Douglas," In; Cole, G. D. H.(editor), What Everybody Wants to Know About Money: a Planned Outline of Monetary Problems. London, Victor Gollancz, Ltd., 1933. Pp. 347-375

Holter, E. s., The ABC of Social Credit. New York, Coward, McCann, Inc., 1934. Pp.111

Nash, E. F., Machines and Purchasing Power. London, G. Routledge & sons, Lte., 1935. Pp.229

가가와 도요히코에 대하여

김재일

가가와 도요히코에 대하여

김재일
목사, 예장생협 이사장

《사선을 넘어서》의 저자 가가와 도요히코(賀川豊彦, 1888~1960) 목사는 우찌무라 간조(內村鑑三, 1861~1930)와 더불어 근대 일본을 대표하는 기독교인으로 한국에도 널리 알려져 있는 그리스도인이다. 가가와 도요히코의 자전적 소설인 《사선을 넘어서》는 한국어뿐만 아니라 세계 여러 나라 말로 번역되어 많은 감동을 주었다. 한국의 독자들도 대개 그 소설을 통해 접한 경우가 많을 것이다.

그런데 정작 그가 어떤 삶을 살았고 어떤 사상적 입장을 가졌는지에 대해서는 많이 알려져 있지 않거나 별 관심을 기울이지 않은 것 같다. 그를 인용하는 목회자들은 주로 그의 개인적인 회심에 초점을 맞추어서 '일본의 성자' 운운하면서 그의 삶을 극적으로 왜곡하는 경향들이 있다. 대부분의 그러한 이야기들은 말 그대로 꾸며낸 이야기인 경우가 많다. 가가와 도요히코의 삶과 사상이 한국에 제대로 소개되지 않는 데는 이유가 있을 것이다. 한국의 기독교가 보수화되어 있기 때문에, 기독교 사회주의자인 그의 삶을 불편하게 여겼을 것이며, 개인과 사회를 통전적으로 아우르는 그의 그리스도적인 삶을 온전히 말하기에는 벅찼을 것이다. 상대적으로 젊은 민중신학 내지 진보적 기독교권에서는 협동조합운동에 무게를 둔 그의 사회선교적 활동이 개량주의적으로 비쳤을 것이고, 튼튼한 복음적 토대 위에 서 있는 그의 사상과 실천은 감당하기 힘들었을 것이다. 또한, 영어와 독일어 책의 번역에 치중하였고 일본어 책은 잘 번역하지 않은 것도 이유 가운데 하나일 것이다.

필자가 가가와 도요히코에 대해 처음 이야기를 들은 것은 생협운동을 막 시작했을 때였다. 당시 생협 중앙회 프로그램 일환으로 일본에 연수를 간 적이 있는데, 그때 일본 생협운동 역사에 대한 소개를 들으면서 가가와 도요히코라는 이름을 처음 들었다. 그러다가 생협에 관한 책을 읽으면서 그 분이 바로 《사선을 넘어서》의 저자라는 것을 알고서 관심을 가지다가, 일본에 갔을 때 그의 전기에 대한 작은 책을 사서 돌아왔다. 그 뒤 부족한 일어 실력을 장인어른 도움을 받아가면서 《시대를 초월한 사상가-가가와 도요히코》라는 책을 번역하게 되었다. 번역을 한 첫 번째 이유는, 2009년이 가가와 도요히코 목사가 고베의 빈민굴에 들어가면서 본격적인 사회 복음주의 운동을 한지 100주년이라는 점과 두 번째는 필자의 허영과 무능 그리고 하나님의 징계하심을 따라 예장생협이 어려움을 겪으면서 세계에서 가장 큰 고베생협을 비롯하여 여러 생협을 만든 가가와 도요히코에 대해서 올바로 알고 싶었기 때문이다.

철저한 복음주의자로서 기도의 사람이었던 가가와 도요히코, 일본 근대 사회운동의 씨앗을 뿌린 기독교 사회주의자이며 목사인 가가와 도요히코의 삶의 역정을 보면서 진보적 실천과 복음적 영성의 결합을 보았다. 정말로 예수에 사로잡혀 변절하지 않고 초지일관 주님의 길을 가는 그 사람을 한국의 그리스도인에게 소개하고 싶어서 번역을 하였고, 그 책의 출판을 〈흙과 생기〉에서 하게 되었다.

가가와 도요히코는 근대 제국주의 시대의 일본에서 운동이라는 모든 운동에 씨를 뿌린 사람이다. 즉, 그는 일본 최초의 대규모 노동자 파업을 주도하여 노동조합운동을 일으켰고, 농촌 복음 학교를 만들어 농촌 전도는 물론 농민의 의식화를 통하여 전국적 농민조직을 만들었으며, 동경 대지진 때는 일본 최초로 자원봉사운동을 일으키기도 하였고, 소비자생활협동조합을 비롯하여 의료생활협동조합, 농협 등은 물론 지금과 달리 열악한 빈민들의 생활 속에서 어린이 보육운동 등을 일으킨 사람이다. 그는 이러한 사회적 실천만이 아니라, 전쟁 전에는 하나님나라 운동을 주창하여 3년 동안 백만인 구령 운동을 하면서 전국을 돌아다녔으며, 전쟁 뒤에는 요강과 담요를 가지고 3년 동안 피폐한 농촌을 돌면서 전도운동을 한 부흥사이기도 하다. 사회적 실천과 체험적 신앙에 기초한 기도, 이것이야말로 가가와 도요히코를 특징짓는 두 단어라 하지 않을 수 없다.

우선 그의 일생을 간추려서 소개하고자 한다. 가가와 도요히코의 아버지인 가가와 준이치는 도쿠시마현의 이소베 가문 사람이었다. 그는 그 지역의 명문가 가가와 집안의 미찌라는 여성과 결혼하여 데릴사위로 들어갔다. 그러나 자식이 없었다. 도요히코는 준이치의 첩 가메가 1888년 7월 10일 고베에서 낳은 아들이다. 그러나 양친(준이치와 가메)이 모두 일찍 돌아가신 뒤에는 혈연도 없는 할머니와 양어머니 미찌의 손에 양육 받았다. 양모 미찌는 냉정한 태도로 도요히코를 대하였으나 할머니는 그를 가문의 후계자로 키우려고 엄하면서도 사랑으로 보살펴주었다. 그는 어린 시절 요시노강 유역에서 놀곤 하였는데 그 대자연 속에서 생명에 대한 감수성들을 키울 수 있었다. 초등학교에 들어가면서부터는 《사서오경》과 같은 글공부도 열심히 하였다. 또 여덟 살부터는 집안의 대표로서 마을축제나 장례식에서 상석에 앉아야만 했는데, 이런 일들을 통해 자연스럽게 어른스러운 면모를 갖추게 되었던 것 같다. 도요히코는 중학교 시절 귀한 만남을 갖게 되는데 그것은 로간과 마야스 선교사와의 만남이었다. 영어를 배우려는 목적으로 시작된 만남이었지만 그 선교사들의 헌신적이고도 진심어린 애정을 통해 도요히코는 세례를 받고 기독교인이 되었다.

그는 어려서부터 병약하였는데 이질과 신경쇠약으로 고생한 적이 있으며 폐렴에도 걸렸었다. 그러나 병에 짓눌리지 아니하고 열심히 교회 생활과 학업에 몰두하였다. 그는 이미 그때 평화주의자인 로간과 마야스의 영향과 톨스토이의 반전론에 심취하면서 일본 군국주의의 전쟁에 대해 의문을 품었고 야외 군사교련 시간에 훈련을 거부해 교련 선생에게 하루 종일 구타를 당하기도 하였다. 중학교 졸업 후 도요히코가 신세를 지고 있던 숙부는 그가 동경대학에 들어가 엘리트 코스를 밟아 가가와 집안을 일으켜 줄 것을 기대하였으나 도요히코는 메이지 신학대학 입학을 희망하여 갈등을 빚었다.

가가와 도요히코는 1905년 4월에 메이지학원 고등학부 신학예과에 입학하였다. 그러나 영어도 꽤 잘하고 매우 조숙하여 학교 수업에 만족하지 못하여서, 날마다 철학책 등을 읽었기 때문에 상당히 건방지게 보여 다른 학생들에게 폭행당하는 일도 생기곤 하였다. 2학년 때부터는 잘 적응하였던 것 같고 무엇보다도 이 메이지 시절에 도요히코에게 중요했던 것은 다양한 철학사상과 만남을 가졌다는 것과 일생에 거쳐 큰 도움을 주고받게 되는 친구들을 사귀었다는 것이다. 대학 2학년 시절 여름방학을 맞아 도쿠시마로 귀향했을 때 그 지역 신문에 스즈키 긴타로라는 교장이 〈제국주의에 대하여〉라는 제목으로 일본이 제국주의로 탈바꿈해야한다는 글을 썼는데 이에 반박하여 〈세계평화론〉을 연재하기도 하였다. 18세 청년이 명문교 교장에게 공적인 장을 통해 도전을 한 것이다.

대학시절 가가와는 어려운 사람을 보면 지나치지 못하고 돕기를 잘 하였다. 빈민촌을 돌아다니며 허약한 사람들에게 먹을 것을 주고, 옷을 벗어주고, 집으로 데려와 재워주기도 자주 하였다. 그러는 동안에 그의 건강은 점점 악화되어갔다. 미열과 나른함과 피로감에 각혈까지 하게 됐다. 그 시절 고베신학교가 개교를 하게 되었고, 로간과 마야스 선교사가 그 학교에서 교수직을 담당하게 되었다. 그들은 가가와에게 전학을 권유하였고 그는 이를 받아들여 1907년 3월 고베신학교에 입학한다. 그런데 9월 개강 예정이라 그 전까지 토요바시의 교회로 전도지원을 나가 나가오 마키라는 목사를 만나 귀한 체험을 하게 되었다. 그는 매일 밤 후다기라는 번화가에서 열심히 노방 전도를 하였는데 결국에는 과로로 쓰러졌다. 그는 폐괴저라는 진단을 받았다. 그때 의사는 살 가망이 없다고 하였다. 그러나 그는 자신에게는 살아갈 힘이 있다고 믿었고, 살아서 감당해야 할 사명이 있다고 확신했기에 쉽게 죽지는 않았다고 뒤에 고백했다. 나가오 목사와 그 가족의 애정 어린 돌봄이 있었던 것은 물론이다. 한국의 목사들 가운데 이 때 이야기를 실의에 빠져 피를 토하던 무신론자 가가와 도요히코가 나가오 목사에 의해 전도가 된 것처럼 잘못 소개하는 경우가 종종 있다. 그 뒤 고베 위생병원, 아카시병원, 가마고오의 어촌마을 등을 거치며 일 년 넘게 요양하며 치료하였다. 그는 이 힘든 시간에도 《사선을 넘어서》의 전작이라고 할 수 있는 〈비둘기의 흉내〉라는 소설을 썼다.

고베 학교로 돌아온 이후에도 결핵성 축농증과 치질 수술을 받는 등 힘든 시간이 계속 되었다. 그때 감리교회 창시자인 요한 웨슬레의 전기를 읽으며 성경연구에 열심이었으며 신앙생활이 바르고 청렴하였던 그의 생활방식에 깊은 감명을 받았다. 그러나 계속되는 병고로 20대 초반은 자살을 자주 생각하며 지냈다. 그 깊은 절망은 어느 순간 절대 긍정으로 변화되었다. 그는 절망의 늪에서 놀라운 세계로 소생하였다. 실제의 세계에서 죽을 힘을 가지고 강하게 살아가려고 각오하였다. 모든 것을 긍정하기로 하였다. 그는 살기로 굳게 결심하였다라고 《사선을 넘어서》에서 밝히고 있다.

1909년 12월 24일, 그는 허름한 옷차림으로 고베신학교 기숙사를 나와 고베의 빈민지역으로 이사하였다. 그곳은 가난과 질병, 비참함과 범죄가 들끓는 곳이었다. 그는 그곳에서 살면서 아이들과 놀아주고, 마을 사람들의 어려운 형편을 돌보아 주었다. 특히 돈 몇 푼을 위해 미혼모들이 낳은 아이들을 받아 키우며 그 아이들을 거의 방치하여 자연적으로 죽어가게 하는 '양자 살인'을 막기 위해 갖은 애를 다 썼다. 가가와는 가난으로 슬픈 운명을 겪는 어린이들 때문에 가슴 아파하며 자신의 무력함을 한탄하였다. 그는 그곳에서도 '한 벌 옷의 사도'의 가르침을 받아 자신이 가진 모든 것을 이웃들에게 나누어주었다. 그는 빈민들의 삶을 향상시키기 위해 '천국옷'이라는 밥집을 열어 운영하기도 하였으나, 얼마 되지 않아 쌓여가는 외상으로 적자를 면치 못해 파산하고 말았다.

가가와는 그 시절 인생의 반려자, 하루와 만나 결혼하게 된다. 하루는 가가와가 인도하는 예배와 빈민가 선교에 열심히 참석하며 가가와에게 큰 도움을 주었다. 가가와도 변함없는 마음으로, 지극한 섬김의 모습으로, 낮은 자리에서 빈민들을 위해 애쓰던 하루를 흔쾌히 아내로 맞아들였다. 가가와는 또한 비록 허름하기는 했으나 자신의 거처가 된 이곳으로 어린 시절 자신에게 가슴 아픈 상처를 많이 주었던 양모 미찌를 모셔와 하루와 함께 진심으로 봉양하였다. 그러던 차에 미국에서 가가와 도요히코를 돕던 미국인 독지가가 월 50불이라는 후원금을 끊게 되자 빈민촌 활동이 어려워지게 된다. 이에 가가와 부부는 좀더 지식과 경험을 얻기 위해 학문의 길을 택하게 되어 도요히코는 미국 프린스턴으로, 하루는 요꼬하마 공립여자신학교로 떠나게 된다.

가가와는 프린스턴에서 신학공부를 마치고 생물학까지 공부하였다. 한때 뉴욕의 빈민가에 머문 적이 있는데 그곳 유대인 마을에서 시위 중인 노동자들을 만나게 된다. 양복재봉직공조합에 속한 6만여 명 노동자들의 대규모 시위행진이었다. 그는 그 놀라운 광경을 보면서 일본에 돌아가게 되면 가난한 사람들을 위해 노동조합을 만들겠다는 다짐을 하게 된다. 그리고 유타주에 있는 일본인회에서 서기직을 맡아보기도 했었는데, 그때 그의 노력으로 백인 지주에게 저임금으로 혹사당하고 있던 일본 노동자들을 위해 소작인조합을 결성하여 임금 인상을 이루게 된다. 이 두 경험은 도요히코에게 큰 자산이 되었다.

유학을 마치고 와서 그는 교회나 신학교로 가지 아니하고 고베의 빈민촌으로 다시 돌아갔다. 고베의 빈민촌으로 돌아온 그는 빈민촌에서 구제 사업이나 전도가 과연 무슨 의미가 있는가 하는 문제를 다시 생각해 보게 된다. 그런 생각 끝에 가난을 없애기 위해서는 운동을 벌여야한다는 결심을 하게 된다. 그는 노동자 자주관리 공장의 일환으로 칫솔공장을 개업하였다. 빈민촌에 일자리를 마련하여 실업자에게 일자리를 주고, 그 이익을 근로자들에게 환원하여 잉여금으로 사회사업자금을 마련하기 위한 것이었다. 많은 이들이 가가와를 도와 회사를 설립하기는 하였으나 경험 부족으로 일 년 만에 문을 닫게 된다. 이 무렵부터 가가와는 점차 노동운동에 관여하게 된다. 1917년 9월, 일본 노동조합의 전신이라고 할 수 있는 우애회 고베연합회가 YMCA회관에서 주최한 특별강연회에 강사로 초대되었고, 우애회의 소식지인 〈신고베〉를 통해 간사이 지역 노동자 단체의 통일을 호소한 그는 드디어 4월 20일, '간사이 노동동맹 창립선언'을 하게 된다. 불황이 심각해지던 1921년에 오사카 전동주식회사에서 동맹파업이 일어났다. 이 파업을 시작으로 인근 공장들도 연이어 파업에 들어갔고, 7월 10일 3만 5천여 명의 노동자들이 거리로 쏟아져 나왔다. 그들의 전면에는 가가와가 있었다. 그는 이러한 일련의 사태에 연루되어 10일간 옥중 생활을 하기도 하였다.

당시 일본의 농업종사자는 전 인구의 절반 정도로 공업 인구보다 두 배 정도가 많았다. 그러나 소작인들의 수입은 공장노동자들 수입의 절반도 안 되었다. 가가와는 부채 때문에 노예 생활을 하던 농민들을 그냥 볼 수 없었다. 그는 농민의 전국적 통일조직을 결성하려 노력하였다. 전국 각지에서 산발적으로 소작쟁의가 일어나기는 하였지만 조직적이지는 않았다. 그러한 그의 노력의 결과로 1922년 4월 9일에 고베에서 일본농민조합 창립대회가 열리고 15개 현 대표 150명이 가가와가 기초한 선언을 채택하였다. 이는 계속 확장되어 1924년 3차 대회에서는 350개 지부, 25,000명 회원으로 늘어났다. 그러던 가운데 농민운동은 노동운동과 마찬가지로, 경제투쟁보다 정치투쟁의 성격을 띠게 되었다. 그래서 농민운동은 그의 한쪽 팔과 같은 스기야마 겐지로에게 맡기고 그는 농촌소비조합과 농민복음학교 설립에 정열을 쏟았다.

1919년에는 협동조합 설립을 위해 노력하였다. 오사카 서구에 유한책임 구매조합인 '공익사'를 설립하였다. 이것은 생산자와 소비자가 서로 연대하여 자유의사로 조합을 만든 것이다. 일용품을 염가로 공급하여 조합원의 생활을 안정시키기 위한 조직이었다. 쌀, 설탕, 간장, 소금, 작업복 등 일상생활에 필요한 것들을 취급하였으며 술은 취급하지 않았다.

이러한 정황 중에 1920년 10월 3일에 도요히코의 출세작이 된 《사선을 넘어서》 1권이 출간되었다. 문단으로부터는 좋은 평을 듣지 못하였으나 대중들에게 폭발적인 인기를 얻어 베스트셀러가 되었다. 210판까지 백 오만 부가 팔렸다. 그 책을 통해 받은 인세 20만 엔(오늘날 10억 엔)은 거의 노동운동과 생활협동조합운동에 쓰였다.

1923년 9월 1일 관동대지진이 일어났다. 진도 7.9의 강진으로 4백만 명이 넘는 이재민이 생겼고, 도쿄와 요고하마 시가지는 초토화되었다. 어수선한 정국을 수습하기 위하여 계엄령까지 선포되었다. 도요히코는 이튿날 소식을 듣고 바로 행동을 개시하였다. 예수단의 청년들에게 고베 시내의 각 교회를 방문하게 해서 협력을 의뢰하고, 자신은 구호물자를 배에 싣고 요코하마로 갔다. 10월 18일 가장 피해가 컸던 코우도우지구의 도쿄시 혼쇼구에 구조활동의 거점을 정하고 본격적인 활동을 펼치기 시작하였다. 그는 "내가 제일 하고 싶은 일은 주민들과 개별적으로 접촉하면서 생활 향상을 도모하는 것이다. 곧 다가올 겨울을 이재민들과 가건물에서 함께 고통을 나누고, 빈민촌의 고뇌를 나도 함께 맛보면서, 그것을 과학적으로 조사하여, 어려운 사정을 세상에 널리 알리는 일 즉, 그들의 눈이 되고 싶다."라고 말했다. 즉 그는 주민을 대상화하는 전도나 구제가 아닌, 주민들과 함께 하면서 그들과 함께 신앙의 길로 가고자 하였다.

그는 구제사업이 마무리 되어가던 1924년 3월 이후에도 도쿄에서 계속 활동하였다. 그는 단순히 자선사업이나 구제사업에 그치지 않고 주민들의 교육적 측면과 복음에 의한 마음의 회복을 중시하였다. 즉, 자조와 자치의 정신을 기르는 것이 빈곤을 막는 전제라고 생각한 것이다. 이런 생각으로 고우도우소비조합, 나가노코우 시치고 신용협동조합, 혼쇼 기독교산업 청년회, 나가노조합병원 등을 만들게 된다. 가가와는 "도쿄의 상처가 치유될 때까지 나는 반미치광이다"라는 말을 하며 열심히 일해 나갔다. 그리고 그는 '예수의 친구회'라는 모임을 1921년 10월에 결성하였는데 이는 가가와의 메이지학원 시절 친구들이 중심이 된 조직으로 독특한 종교운동으로 발전하였다. 그 방침은 예수에게 경건하라, 가난한 자의 벗이 되고 노동을 사랑하라, 세계의 평화를 위해 노력하라, 순결한 생활을 존중하라, 사회 봉사에 뜻을 두어라 들이었다.

1922년에는 대만의 초대를 받아 전도여행을 가게 되었는데, 그곳에 아내 하루와 결혼 8년 만에 신혼여행을 가게 되었고 아기를 얻게 되었다. 그 뒤 육아문제와 계속되는 빈민들의 협박과 폭력에서 벗어나고자 10여 년간의 빈민촌 생활을 정리하게 된다.

1924년부터는 미국, 영국, 프랑스, 독일 등을 돌며 전도여행을 떠나게 되었다. 미국에서는 반일감정이 있어 좀처럼 전도가 쉽지 않았지만 유럽에서는 좋은 영향력을 끼치고 선진국의 지혜를 마음껏 흡수할 수 있었다. 그렇게 해외를 다녀온 뒤에 예수의 친구회에서 백만인 구령운동을 시작하게 된다. 당시 일본에는 16만 명 정도의 기독교 신자가 있었지만 증가 비율이 너무 낮았다. 기독교가 사회적 영향력을 가지기 위해서는 더 많은 인원이 필요하다고 생각했기 때문이다. 지금까지 교조적, 강단 중심적이어서 실천력이 부족했던 종래의 기독교 전도 방법을 변혁시켜서, 사랑과 협동을 바탕으로 정열적인 실천을 쌓아가야 한다고 믿었다. 1927년에는 스시야마 겐지로(가가와 도요히코의 애제자이자 일본 농민운동의 아버지)가 이웃에 이사 온 것을 기회로 일본 농촌전도단을 결성하고 자택에서 농민복음학교를 열었다. 새벽 5시부터 밤늦은 시간까지 수업은 계속되었다. 농학통론, 농촌사회학, 농업실습, 사회사업 등 농촌개량에 뜻을 둔 우수한 인재들을 양성하는데 박차를 가했다.

미국에는 '가가와 도요히코 후원회'가 조직되어 있었다. 일명 '거룩한 1달러 클럽'이었다. 교수, 박사 등 다수의 독지가가 그를 후원하고 있었다. 그들의 도움으로 '하나님나라 운동'을 전 일본기독교연맹 이름으로 실천할 수 있었는데 이 사업은 '백만인 구령운동'이 발전한 것이었다. 전국 각지를 돌며 '사회개량운동', '사회봉사사업', '매매춘 폐지, 금주 운동' 등을 벌여 나갔으나, 우경화가 강해지던 시절이라

신자 증가에는 큰 성과를 내지 못했다. 이러한 순회전도 기간 중에도 군국주의로 기울어져 가는 시대의 흐름에 항의하여, 도쿄에서 결성된 '전국반전동맹'의 집행위원장에 추대되었다. 그러나 대의원과 같이 정치인으로 일선에 나서는 것은 원하지 않았다.

일본의 대륙 침략이 이루어지자 가슴 아파하면서 일본과 세계평화를 위하여 기도를 계속 하였다. 이런 와중에도 1934년 필리핀 전도, 호주 등을 돌아다니며 온 세계가 마음을 합쳐서 평화를 위한 우애의 정신을 갖자고 하였다. 1935년과 1936년에도 미국, 유럽 등을 10개월간 여행하고 돌아왔으며 1938년 12월에는 인도를 방문하여 간디와 네루를 만났다. 간디는 가가와에게 이런 말을 해주었다. "당신에 대한 이야기는 이전부터 많이 들었습니다. 제가 당신 입장이라면 이 단시되는 이야기를 확실하게 공언하겠습니다. 그리고 기쁘게 죽음을 맞겠습니다. 저울의 한 쪽에는 생활협동조합과 당신의 사업 전부를 놓고, 다른 쪽에는 당신 나라의 명예를 놓고 생각해 봅시다. 만일 당신이 나라의 명예를 존중한다면 일본에 거역하여 당신의 견해를 공표하고, 그로 인해 죽음을 맞이해야 한다면 당신의 죽음을 통해서 일본을 살릴 것을 당신에게 요구하고 싶습니다."

중국에 대한 일본의 침략이 점점 노골화되자 책을 통해 사죄하기도 하였다. "내 모든 기도에도 불구하고, 일본의 군국주의가 중국에서 행한 포학을 생각하면, 참기 힘든 부끄러움이 솟아오릅니다. 내가 백만 번 용서를 구한들, 일본이 지은 죄를 속죄하기는 충분하지 못할 것입니다." 이런 가가와의 태도는 일본 군 당국과 우익 단체들의 반발을 사게 되어 매국노로 매도당하고 헌병대에 끌려가 3주간의 구치소 생활을 하기도 하였다.

1945년 8월 15일, 일본은 연합국에 항복하였다. 패전 이후 도요히코는 내각 참여에 대한 권고를 받았지만 거부하고, 오히려 '전국민 참회운동'을 제창하고 국제평화협회를 설립하여 협동조합 정신에 의거하여 항구적인 평화의 수립과 인류의 상호부조와 우애의 실현을 목표로 하는 운동을 전개하였다. 10월에는 사회당을 창당하는 등 쉴 사이 없이 빠르게 움직였다. 그리고 3년 동안 전국을 순회하며 대중과 직접 만나 일본 재건을 호소하였다.

1952년 11월 3일부터 4일 동안 세계연방 아시아회의가 히로시마에서 열렸다. 13개국 대표와 옵서버 등 350명이 참석하였다. 가가와는 이 회의 의장이 되어 다음과 같은 결의문을 채택하였다.

1. 원자 무기의 제조와 사용을 금지한다.
2. 군비의 완전 폐지를 목표로 하고 각국의 현 보유 군비를 철저히 축소한다.
3. 인종 차별을 철폐하고 기본적 인권을 확립한다.
4. 종교적 편견을 배제하고 세계 각 종교의 제휴를 촉진한다.
5. 속히 각국에서 전범과 포로를 석방한다.
6. 인구 문제 해결을 위해 세계 자원의 해방을 기한다.

1955년 2월에는 한결같은 세계 평화를 위한 노력이 인정되어 노벨평화상 후보에 올랐으나 수상하지는 못했다. 또 같은 해 12월 8일 일본과 한국의 국교가 단절되어 어업문제로 대립됨을 우려하여 같은 기독교인이고 프린스턴 대학 동창이기도 한 한국의 이승만 대통령에게 사죄와 우호관계 수립의 필요를 호소하기도 하였다.

도요히코는 자본주의가 가지고 있는 사회악에 대하여 과격한 직접 행동은 부정하였다. 그 때문에 노동운동이나 자신이 만든 농민운동에서도 소수파가 되어 차츰 이상의 실현을 협동조합운동에서 찾게 되었다. 증오나 투쟁을 초월하여 서로 신뢰하고 도와주는 방법으로서 그가 찾은 것이 협동조합운동이었다. 이 운동은 단순한 사업이 아니라 인간애와 상호부조라는 큰 원리에 기초한 것이었다. 그는 전후 1945년 11월에 처음으로 일본협동조합동맹을 조직하고 전국 후생문화농업협동조합 연합회와 생명보험 중앙위원회 등과 같은 많은 민간 협동조합 보급에 앞장섰다. 그 중에서도 그가 창립하고 지원한 코프 고베는 고베생협과 나다생협이 합병한 것으로 조합원이 130만 명이 넘는 일본 최대 규모 생협이다.

그는 또한 평생에 걸쳐 교육의 중요성을 역설하였다. 특히 유아교육과 사회교육에 남다른 노력을 기울였다. 그는 어린이는 하나님이 주신 선물이며, 교육은 어린이들에게 오염되지 않은 영혼의 한 조각을 심어주는 것이라 생각하였다. 빈민촌의 어려운 생활과 지진과 전쟁 등으로 고아가 된 아이들을 늘 사랑으로 돌보았던 그였다. 그는 1924년에는 어린이 권리를 제창하기도 하였다. 학교가 지적인 면에만 편중되게 교육하지 말고 의지와 본능에 대한 교육을 해야 한다고 역설하였다.

1958년 6월 25일 《우주의 목적》이라는 책이 출판되었다. 그의 수많은 저서 중에 그의 평생의 작업이라 할 만한 대작이다. 화학, 물리학, 심리학, 생명과학, 진화론, 지학, 천문학 등 자연과학의 모든 분야가 망라되어 있어 그의 뛰어난 과학자다운 면모를 엿볼 수 있다. 이 책을 포함해 가가와는 일생 방대한 수의 저작을 남겼다. 종교에 관한 것 58권, 사회사상에 관한 것 35권, 문학에 관한 것 53권, 번역

23권 등 200권이 넘는다고 한다.

  1958년부터 몸이 상당히 쇠약해졌으나 활동을 멈추지 않았다. 병중에도 매년 그가 즐거운 마음으로 가던 도쿠시마의 전도를 갔다 몸져눕게 되었다. 심근경색, 만성신염, 대동맥 중막염, 기관지확장증, 심장비대 등 여러 가지 병이 겹쳐 결국 1960년 4월 23일, 72세의 파란만장한 생애를 마치게 된다. 그의 마지막 기도는 "교회를 강하게 해주십시오. 일본을 구해주십시오. 세계에 평화가 오게 해주십시오." 였다고 한다.

  이상과 같이 가가와 도요히코의 삶을 간단하게 살펴보았다. 누구에게나 흠이 없는 사람은 없듯이 그도 태평양전쟁 말기에 미국에 대한 반전에 참여하기도 하였다. 그러나 그는 체험적 신앙을 바탕으로, 평생 잡기를 즐기지 아니하고, 독서와 집필 그리고 실천적 사회활동과 전도운동을 초지일관 전개한 사람이다. 말은 많고, 교인은 많으나 참된 그리스도인들이 부족한 오늘날의 한국교회, 사회적 비판은 많으나 기도와 치열한 자기관리가 부족한 또 다른 한국교회의 모습을 보면서, 가가와 도요히코의 삶과 그가 걸은 길은 시대와 나라를 초월하여 우리 그리스도인에게 주는 또 다른 도전으로 받아들이지 않을 수 없다.

사회변혁을 위한 협동조합운동

최혁진

사회변혁을 위한 협동조합운동

최혁진

"도대체 양식을 지닌 사람 가운데 과연 어느 누가 전세계 20억 인구가 굶주리고 있는 현실을 외면할 것이며 연대성을 거부하겠는가."

몬드라곤 협동조합연맹체의 창립자인 돈 호세 마리아 신부가 협동조합운동을 통해 빈곤을 넘어서서 자유롭고 해방된 노동을 창조하자고 외친 지 50여년의 세월이 흘렀다. 협동조합은 지속적으로 성장해왔고 오늘날 협동조합에서 노동하거나 서비스를 제공받는 사람은 9억 명에 이른다고 한다. 세계 상위 300개 협동조합의 연간 사업고는 1조 달러를 넘어섰다고 한다. 이 정도면 캐나다의 1년 국가예산 수준이라고 한다. 그러나 여전히 우리는 30억 이상의 사람들이 극빈의 상황 속에서 굶주리고 있는 모순의 시대를 살아가고 있다.

수년 전 일본생협을 방문했을 때 도쿠시마현 나루토 마을 외곽에 위치한 가가와 도요히코 기념관을 둘러보았던 적이 있다. 한적한 시골마을에 위치한 2층 건물의 소담한 기념관에는 일본 근대 협동조합운동의 창시자인 가가와 도요히코 선생의 일생의 흔적들이 고스란히 남아있었다. 기념관을 관리하던 노인 한 분이 한국에서 생협운

최혁진— 원주의료생협 전무이사. 이 글은 〈녹색평론〉 109호(2009. 11-12월)에 실렸으며 저자와 출판사의 허락을 받아 싣습니다.

동을 하는 사람들의 방문에 감격에 겨운 듯 열정적으로 가가와 선생에 대하여 소개해주었다. 가가와 선생이 고등학교 학생이던 시절, 군국주의에 사로잡혀 무력으로 아시아 침략을 준비하던 일본정부는 학생들에게 교련 과목을 통해 군사훈련을 강행하고 있었다. 당시 순진무구하게만 여겨졌던 소년 가가와는 교련시간에 군사훈련을 거부하고 평화주의에 대한 소박하지만 굳건한 신념을 발표하는 엄청난 사건을 일으켰다고 한다. 주요 일간지에 보도가 되었다고 하니 이 사건은 일본사회에 대단히 큰 충격을 주었던 모양이다. 수많은 억압과 회유가 있었지만 소년 가가와의 신념은 흔들리지 않았으며, 평화주의에 대한 그의 확신은 이후 자신의 협동조합 사상 속에 고스란히 나타나게 된다.

청년시절 기독교인이 된 가가와는 그리스도의 형제애 정신에 기초하여 빈민운동에 헌신하였다고 한다. 그는 몸소 고베지역의 빈민촌에 들어가 함께 살면서 빈곤문제의 해결을 위해 다양한 노력을 기울였다. 하지만 아무리 노력해도 빈민의 숫자는 늘어나기만 하고 도무지 해결의 기미가 보이지 않았다. 마침내 그는 빈민을 돕는 운동이 중요한 것이 아니라 빈민이 발생하지 않는 사회를 건설해야 한다고 마음을 먹게 되었으며, 이때부터 협동조합운동을 비롯해 세상을 변혁하기 위한 다양한 사회운동에 전심전력하게 되었다고 한다. 이후 가가와는 기독교의 형제애 정신을 바탕으로 일본의 노동운동, 농민운동, 협동조합운동, 진보정당운동, 아동보육운동 등 거의 모든 사회운동의 초석을 마련하게 된다. 관리인의 소개를 받던 나는 가가와 선생의 열정과 초인적 실천 앞에서 아무런 질문도 할 수 없었다. 그리고 수년이 지나 나는 《우애의 경제학》이란 책을 통해 다시 가가와 선생을 만나게 되었다.

카오스에서 빠져나갈 길이 있는가

너무도 닮은 두 거인, 돈 호세 마리아 신부와 가가와 도요히코 목사가 이 세상을 떠난 지 수십년의 세월이 지났지만 여전히 우리는 두 분이 평생 동안 대면해왔던 과제 앞에서 곤혹스러워하고 있다. 《우애의 경제학》의 제1장도 이 혼돈의 시대를 넘어설 수 있는가라는 질문으로 시작되고 있다. 가가와 선생은 기독교 정신에 기초하여 기존 사회운동의 한계를 조목조목 비판하면서 새로운 대안을 제시한다. 그는 그 무렵 일본에서도 시대적 화두였던 맑스주의와 여기에 기초한 레닌주의 혁명이 성공하지 못할 것이라고 예측하고 있다. 아울러 영국에서 진행되고 있던 의회를 중심으로 한 점진적인 사회민주주의적 개혁이나 미국에서 추진하고 있던 뉴딜정책의 관리자본주의도 자본주의의 모순을 극복하거나 개선하는 데 한계가 있다고 말한다. 가가와 선생은 철저히 기독교적 속죄, 즉 자기성찰을 통한 형제애에 기반하지 않는 사회운동은 인간과 사회의 근원적인 변화를 이끌어낼 수 없다는 입장에 서 있었던 것이다.

그런데 우리는 얼핏 편협해 보이기도 하는 가가와 선생의 이러한 비판이, 기독교 근본주의자들의 맹목적인 입장과는 다른 각도에서 이루어지고 있음에 주목할 필요가 있다. 우선 그는 인간 의식의 각성이 없이 국가의 강제나 폭력에 의해 이루어지는 사회변혁은 지속될 수 없으며, 오히려 정신적인 각성과 성찰이 점진적으로 사회변혁을 이끌어가야 한다고 주장한다. 그러면서도 가가와 선생은 종교적 신비주의 등으로 회귀하거나 도피하지 않으며, 자본주의에 의해 피폐

화된 사회경제시스템 자체를 새롭게 사회화하지 못하고서는 인간에 대한 완전한 해방이 불가능하다는, 철저한 리얼리스트로서의 입장에 서 있다.

인간 의식의 각성을 사회변혁운동에 있어 중요한 과제로 보았다는 점에서 안토니오 그람시를 연상할 수도 있을 것이다. 안토니오 그람시는 완전하고 해방된 사회주의 사회는 노동자들이 그러한 사회에 적합한 문화적, 정신적 수준으로 성장했을 때 실현가능하다고 보았다. 다만 가가와 선생은 인간 의식의 근원적 각성은 기독교적인 속죄와 회심 그리고 그에 따른 자발적 실천에 기초할 때 가능하다는 종교적 태도에 머물고 있다는 점에서 맑스주의자들과 큰 차이가 있다. 그러나 인간 의식의 성장과 사회적 발전이 결합되어야 사회변혁이 성공할 수 있다는 것을 밝혀내고 예지했다는 점에서, 새로운 사회를 고민하며 준비하고 있는 오늘 우리들에게도 다시 한번 되짚어보아야 할 만큼 대단히 소중한 가치가 있다고 생각된다. 심지어 가가와 선생은 맑스주의에 입각한 러시아혁명에 대하여 부정적이면서도, 레닌이 협동조합을 중심으로 사회의 개혁을 시도하는 것에 대해, 새로운 사회가 도래할 수 있다는 긍정적 기대감을 표하는 폭넓고 유연한 사고를 보여주기도 한다. 그는 철저한 기독교도였지만 절대 교조주의나 환원주의적 오류에는 빠지지 않았던 것이다.

두 번째로 가가와 선생은 일반적으로 종교적인 실천이 빠지기 쉬운 함정인 자선적이고 시혜적인 태도와 사회운동의 차이에 대해서도 명확하게 구분하고, 그 한계를 뛰어넘고 있다. 그는 교토에 있는 일등원이란 수도 시설 사람들의 사회적 실천에 대해 이야기하면서 이러한 자선활동이 대단히 중요한 의미가 있으나 대중들의 노동권을 박

탈할 수도 있음을 지적한다. 종교적 신념에 기초하여 타인을 도와주는 것이 때로는 자기만족적 실천에 머물 수 있다는 자선활동의 한계를 인식하였으며, 한사람 한사람의 소중한 인격이 자신의 올바른 노동과 협동을 통해서 스스로 삶을 개선해나가는 것과, 그에 동반한 사회 전체의 변화가 더욱 중요하다는 것을 분명하게 말하고 있다. 인간의 하느님의 모상이라면 그는 더 이상 동정과 시혜의 대상이 아니며 자유롭고 해방된 노동자요, 고귀한 인격으로 살아갈 권리를 보장받아야 한다는 호세 마리아 신부와 같은 입장에 서 있는 것이다.

그리고 가가와 선생은 자본주의와 타협해버린 현대 기독교교회에 대해서도 성찰적 자기각성을 요구한다. 자본주의는 착취적 속성을 지니고 있으며, 소수에게 자본과 권력을 집중시키고, 그 결과 프롤레타리아 계급의 빈곤을 확대하고 있다는 점에서 가가와 선생은 자본주의와 기독교적 형제애는 양립하기 어렵다고 보았던 것이다. 그는 칼뱅주의 신학자들이 신학의 문제를 개인 의식에만 결부시켜 사적소유권을 정당화하고 그것으로써 자본주의적 착취구조가 잉태되도록 방치한 것에 대하여 강하게 비판한다. 그는 기독교적 형제애에 기초하여 초대교회가 이루어낸 공동체적 전통, 중세의 길드 조직 등의 사례를 통해 기독교 정신에 기반한 협동조합운동이 확산되어야 한다고 말하며 현대 기독교가 다시 사회적 실천을 통해 하느님 나라를 실현시켜내는 데 앞장설 것을 요구하고 있는 것이다.

전 사회적 변혁을 이끌어내는 종합적인 운동이 되어야 한다

《우애의 경제학》은 가가와 도요히코의 협동조합에 대한 사상을 담고 있다. 그런데 주목할 것은, 이 책이 일반적인 협동조합의 원칙과 가치를 말하는 것에 머물지 않고, 협동조합을 통한 전 사회적 변혁을 이야기하고 있다는 점이다. 가가와 선생은 기독교의 일곱 가지 가치를 정하고 그에 따라 모두 일곱 가지 유형의 협동조합 모델을 제시한다. 건강보험, 노동, 판매운송, 공제분야, 신용, 공익복지, 소비분야가 그것이다. 이는 한 나라의 산업이 착취체계로부터 탈피하여 계획적이고 협동적인 연대의 사회로 나아가기 위한 거대한 기획이다. 가가와 선생은 《우애의 경제학》에서 이러한 일곱 가지 유형의 협동조합 모델을 바탕으로 한 나라의 정치제도 및 노동 양식, 국제협력 관계의 미래상까지 상세하게 이야기한다.

특히 각각의 협동조합 유형을 설명하면서 가가와 선생이 제시하는 다양한 과제들은 오늘날 한국의 협동조합운동과 사회운동 진영에서도 깊이 고민하고 있는 대단히 중요한 과제라는 점에서 그 선견지명에 놀라움을 금치 않을 수 없다. 첫째, 가가와 선생은 러시아나 유럽의 좌파운동이 노동자들의 힘과 노동자 정당만을 중심으로 진행되고 있는 것을 한계라고 지적하고 있다. 그는 노동자 정당이 집권하더라도 노동문제를 제외한 나머지 영역의 경우 자본가 출신의 전문가들의 도움을 받아야 할 것이기에 사회적 진보에 장애가 될 수 있다고 말한다. 게다가 소비자협동조합이나 안정된 유통 협동조직이 없는 상태에서의 노동자 중심성은 과잉생산을 유발할 수 있고, 이로 인한 비효율의 문제를 극복하기도 어렵다는 것이다. 따라서 가가와 선생은 노동운동과 일곱 가지 유형의 협동조합운동이 상호 긴밀하게 연대하고 협력할 때, 자본가의 도움을 받지 않고도 프롤레타리아의 해방을 이루어낼 수 있다고 그에 대한 대안을 제시한다.

두 번째로, 가가와 선생은 협동조합의 대 사회적 역할의 필요성을 제기하고 있다. 특히 소비자생활협동조합의 경우 조합원만을 위한 이기적이고 배타적 조직이 될 우려가 높다고 보았으며, 이러한 모습이 기존의 다른 사회운동들로부터 비판받을 수 있고, 또한 자본주의에 안주하는 경향으로 나아갈 수도 있다고 말한다. 이에 대해 가가와 선생은 협동조합의 지도자들이 적극적인 교육활동 등을 통해 조합원의 의식을 높여나가야 하며 그로써 협동조합의 공동의 성과물이 지역사회와 비조합원의 공익을 위해서도 사용될 수 있도록 노력해야 한다고 강조한다. 또한 더 나아가 국제적인 연대에 있어서도 부국의 협동조합들에게는 빈국의, 경제적 고통을 겪고 있는 협동조합들에 대해서 책임을 나누는 자세까지 필요하다고 제안하고 있다.

최근 한국사회는 실업과 빈곤, 고령화라는 다양한 사회적 문제가 확산되면서 협동조합운동도 새로운 사회적 역할을 요구받고 있다. 유럽의 협동조합 전통에서 생겨난 사회적 기업들이 한국사회에서도 빠르게 늘어나고 있으며, 그에 따라 사회적 기업과 전통적인 협동조합들이 지역사회의 변화를 위해 어떤 역할과 협력체제를 형성할 것인지에 대해서도 관심이 높아지고 있다. 이러한 현실적 상황은 한국의 협동조합운동에 많은 고민과 논의, 급진적인 결단을 요구하고 있으며, 그 과정에 가가와 선생의 《우애의 경제학》은 훌륭한 가치판단의 기준이 될 수 있을 것이다.

마지막으로 가가와 선생은 개별 협동조합들이 각각 자본주의라는 바다의 외로운 섬이 되지 말고, 미래의 새로운 사회를 향한 거시적이고 종합적인 전략과 실천을 이끌어내야 한다고 제안하고 있다. 이는 호세 마리아 신부가 개별 협동조합이라는 장벽에 갇히지 말고 연대의 정신에 기초하여 사회의 총체적 변혁을 이끌어내야 한다고 말한 것과 일치한다. 협동조합의 역사는 두 거인의 제안이 결코 관념적이고 이념적인 추상이 아님을 입증해주었다. 개별 협동조합의 장벽에 갇혀 외로운 섬이 되어버린 협동조합들과, 고통받는 대중들에게 미래에 대한 비전을 제시하며 함께 호흡하지 못한 채 경제주의적 편향에 빠져버린 협동조합들은 역사의 무대에서 소멸해버렸다. 일부 살아남은 조직들도 더 이상 우리에게 희망이 되지 못하고 있다.

시대를 뛰어넘는 협동조합운동으로 나아가자

일전에 원주에서 열린 한일 협동조합포럼에서, 일본 생활클럽생협연합의 고노 전(前) 회장은 "협동조합운동이 이 시대를 뛰어넘을 수 있을까"라는 화두를 참석자들에게 던져주었다. 내가 평소 존경하는 열렬한 투사인 한신의료생협의 나카무라 부이사장조차도, 그토록 당당하신 분이면서도 "요즘에는 과연 의료생협운동이 세상을 변혁시키는 데 기여할 수 있을지 의문이 든다"는 말씀을 한 적이 있다. 어려운 시절이다. 한치 앞이 보이지 않아 우왕좌왕하는 세상이다. 누군가 나에게 "협동조합운동이 대안인가"라고 묻는다면 나 역시 "잘 모르겠다"고 답할 것 같다. 그러나 여전히 변하지 않는 현실의 진리가 있지 않은가. 우애의 정신에 기초한 연대와 협력의 사회가 도래하지 않는다면 대다수 노동하며 살아가는 사람들의 삶은 질곡에서 벗어나지 못한다는 것, 이 자본주의 사회가 타인의 눈물과 고통 위에 일부의 풍요를 보장하고 있다는 것, 따라서 지금의 현실이 극복되지 않는 한 우리에게 자유롭고 해방된 삶은 불가능하다는 것이 그것이다.

미래는 여전히 선택의 문제이다. 아무것도 결정된 것은 없다. 혼돈의 현실 앞에서 가가와 도요히코는 《우애의 경제학》을 통해서 우리에게 코페르니쿠스적 대담성을 지닌 거인이 되라고 말하고 있다. 우애의 정신으로 무장하고 연대와 협동의 사회로 나아가라. 개별 협동조합의 보호막에 안주하지 말고 전체 사회의 변혁을 위해서 나아가라. 협동조합운동을 통해 전세계 노동자의 평화로운 미래를 창조하라.

Brotherhood Economics

Brotherhood Economics

우애의
경제학 Brotherhood Economics

1판 4쇄 펴낸날 2018년 6월 30일

지은이 가가와 도요히코(賀川豊彦)
옮긴이 홍순명
펴낸곳 그물코
펴낸이 장은성
만든이 김수진

인 쇄 대덕인쇄
제 본 대덕인쇄

출판등록일 2001.5.29(제10-2156호)
주소 (350-811)충남 홍성군 홍동면 광금남로 658-8
전화 041-631-3914
팩스 041-631-3924
전자우편 network7@naver.com
인터넷 누리집 cafe.naver.com/gmulko